インプレスR&D [NextPublishing]

New Thinking and New Ways
E-Book / Print Book

信用の新世紀
ブロックチェーン後の未来

斉藤 賢爾
著

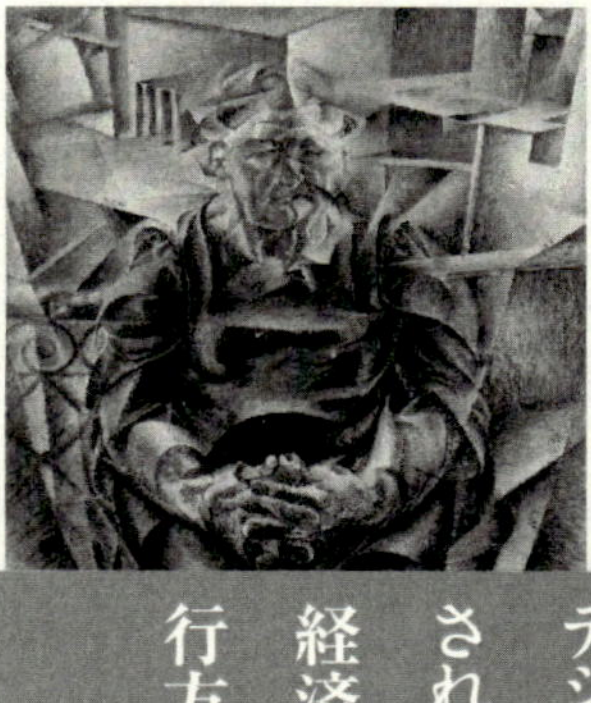

第一線の
研究者が語る
デジタル化
された
経済システムの
行方

impress R&D
An Impress Group Company

はじめに

「貨幣経済が衰退する」――読者のみなさんは、そのことを受けとめられるだろうか。硬貨や紙幣が使われなくなって、電子マネーやビットコインといったデジタルな貨幣で置き換わる――いや、そんな話ではなく、デジタルな貨幣まで含めた「マネー」の世界そのものが衰退するというのである。

そんなことはあり得ない、と思うかもしれない。いや、確かに世の中はそちらの方向に向かっている、そんなふうに感じている人もいるだろう。

少なくとも、いくら現在の日本が「現金社会」だからといって、決済の仕方がそのまま変化しなくてよいとは、多くの人々は思っていないのではないだろうか。社会が効率を求める以上、現金を扱うコストはいずれ減らしたいだろうし、もっとも強くそう考えているのは、ほかならぬ市中の銀行、そして日本銀行、さらには政府だろう。というわけで、硬貨や紙幣がなくなるということについては、さすがに抵抗が小さくなる兆しが見えてきたように思う。

現にお隣の国である中国では、スマートフォンとQRコードを使った決済が、屋台ですら利用可能になっている。いや、利用可能というか、現金が使えるお店を探すほうが困難だと言ってよいだろう。

そんなキャッシュレス社会をいち早く迎えた中国では、デジタル化された支払いや返済の履歴から1人1人の「信用レベル」が計算され、その信用レベルによって、受けられるサービスの内容や質が変わるということが起き始めている。今たまたまお金をもっている人がたくさんの現金を見せたとしても、長らく信用を培ってきた人ほどにはサービスを受けられないということだ。「いくらもっているか」ではなく「誰なのか」が重要である社会へのシフトが始まっているとさえ言えるのかもしれない。そう考えてみると、キャッシュレス社会はマネーレス社会への入口だと言えるのではないだろうか。

中国が1つのあり方を示しつつあるように、もしマネーの世界が衰退するとすれば、「信用の新しい時代」が到来するだろう。なぜなら、貨幣は信用の「代用品」だからだ。そもそも代用品にすぎない貨幣のもつ力が失われていくと、信用が、本来のかたちで息を吹き返す。そして、私は世界中でそんな日が到来するのも、そう遠くないと考えている。

どうして貨幣の力は弱まると言えるのだろうか。そして、貨幣の力が弱まって、信用が本来の姿を現すときには、いったい、どんな社会が現れるというのだろうか。それは、今の中国が進んでいるような道なのか、それとも違うものだろうか。

本書は、その可能性の1つを描くための、短い物語から始まる。現在からふとした弾みでタイムスリップした人物が主人公の、未来の社会が舞台のSFだ。読者のみなさんは、それを理解しがたい絵空事だと思うかもしれない。だとしたら、そこには理由がある。

SF映画の金字塔と言われる『スターウォーズ』や『ブレードランナー』といった作品には、賞金稼ぎや巨大企業や経済格差など、私たちが知る貨幣経済の要素がそのまま登場する。だからこそ、物語は現代を生きる私たちにとってリアルに映る。だが、本当は技術は社会のあり方を変え、私たちの常識すら変えていく。現在とは異なる経済社会になるということだ。そのことを素直に表現すると、物語は、私たちにとって、にわかには理解しにくいものになる。

ただ、あらかじめ言っておくと、埋め込まれた多くの注釈が示すように、物語に登場するほとんどの技術はすでに存在しているものだ。本書の残りを通して検証していくように、そうした技術が実際に社会に浸透するとき、起きるべき変化は何かと考え、その帰結としての未来を描くことを、この物語では心がけた。

さて、読者のみなさんには、この物語は「ありうる未来」として映るだろうか。それは、決して遠い未来ではない。読者のみなさんのほとんどが、まだ生きているだろう未来だ。

2017年12月　筆者

第3章「信用」と「裏切り」——ビザンチン将軍問題をめぐって

プロローグ——貨幣経済は衰退しました

銀行が終焉を迎えた日——があったらしいと俺は知った

ある日の昼間、俺は銀座の街を歩いていた……はずだった。

突然、俺のまわりの現実が切り替わったかのように、目の前が明るくなった。最初は天気が変わったのかと思った。それもあったのだろう。だがそれだけではなかった。目の前にあるもの、何もかもが一瞬で変化したのだ。人通りは、一気に少なくなっていた。そして人以外の、何だかカラフルなものも、人といっしょに歩道を進んでいる。何だこれは、と思ったが、ロボット【注01】らしいと気づくまでに少し時間がかかった。ロボットは上空も飛んでいる。つまりドローンだ。たくさんのドローンが、荷物を運んでいるようだったり、あるいは、歩いている人につかず離れず【注02】飛んだりしている。

これは、俺の知っている銀座とは違う。そんなの当たり前だろう、って思うかもしれない。

だがここは、紛れもなく銀座だ。街の作りが俺の知っている銀座そのままだからだ。

未来なのか？　おいおい、タイムスリップしたってことなのか？

車道に目を移すと、自動運転車だろうか、見慣れない車体が走っている。見慣れないというか、もはや乗用車の形をしていない。人が降りると、無人のまま勝手に車体は走り出す【注03】。タクシーか何かなのか。

カメラで撮ろうとポケットからスマホを取り出して、俺は気づいた。

圏外だ。いや、圏外だろうと写真は撮れたんだが、俺は衝撃を受けた。携帯がつながらない【注04】ということは、やっぱり別の世界に来てしまったということなんだと気づいたからだ。俺がいた場所とは切り離された時間の世界に、俺は今、立っている。

そして、無性に腹が減ってきた。

そもそも俺は、昼飯を食べに外出したところだった。俺は銀座の外れにあるビルで働いている。いや、ここが未来だとすると、働いていたと言ったほうがよいのか。俺はプログラマーだ。とあるスタートアップの小さな会社で、金融系のウェブサービスのコード【注05】を書く仕事をしている。

できるだけ挙動不審に見えないように気をつけながら、俺はあたりを見まわし、ゆっくりと歩いた。すると、目の前に見たこともないような屋号のコンビニがあるのに気づいた。

いや、これはコンビニなのか？

とりあえず店の中に入ってみて、俺は困惑した。日用品らしいが、何に使うかわからないようなもの【注06】が棚に並んでいる。

奇妙だ。ここが食べ物とかを売っている店であることは、まず間違いない。商品が陳列されているからだ。だが何かが足りない。足りないというのは、商品が少ないからじゃない。なんだか、品揃えは豊富なのに、何かが決定的に欠けている感じがする。

レジがない。

なんなんだここは。なんで店なのにレジがないんだ。いや、聞いたことがあるぞ。確か「アマゾン・ゴー（Amazon Go）」【注07】っていうやつだ。店内で誰がどの商品を選んだかが、画像解析やその他のセンサー、そして人工知能によって把握されるので、会計せずに、そのまま商品をもって出られる店だ。

とすると、ここがいくら奇妙だといっても、俺の知識と接点がないわけじゃないという気がしてきた。ドローンや自動運転車にしても、このコンビニにしても、俺のつたない、いわゆる未来的なテクノロジーの知識でも、何とか理解できそうな気がする。

しかしスマホをかざすゲートも何もない。「アマゾン・ゴー」では最初にスマホでログインするんじゃなかったのか。ただ、ログインしろと言われたところで、俺のスマホでログインできるわけもないか。

俺には、ただ店内をうろうろするしかなかった。新しい技術について聞きかじっているのと、実際にそいつらが使われている現場に放り込まれるのとでは大違いってことだ。

広く取られた通路を、俺とぶつからない【注08】ように絶妙にすれ違いながら、ロボットが商品をつかんで外に出て行く。商品を補充するロボットもいる。

たまにやってくる人間も同じようにやっている。

何かの決済の仕組みが裏で動いてるには違いないと思うのだが、どうせ俺に使うことはできまい。

もう破れかぶれだ。

俺は、自分が食べられそうなものを探して、目に止まったおにぎりのパッケージをつかみ、出口に向かって歩き出した。そして、店から出ようとした瞬間、後ろから誰かに肩を叩かれた。ギクリとして、どう言い訳しようかと振り向くと、男が笑いかけていた。

「がんばれよ」

変なイントネーション【注09】だった。男はそのまま俺を追い越して店の外に出た。

続いて店を出た俺が呆気にとられていると、女の子が近づいてきた。いやたぶん、女の子だと思う。俺よりかなり若い、若く見える、女性だ。高校生か……いや、大学生くらいか？

「イカれたレトロ趣味のドロップアウトだと思われたんじゃない？」

やっぱり微妙に変なイントネーションで、女の子はいきなりそんなふうに話しかけてきた。確かに俺の服装は周囲から浮いていたかもしれない【注10】。しかしドロップアウトとは何のことだ。

「あの、この店からカネを払わずに出てきたんだけど」

「ここでは当たり前よ」

「そうか。ごめん、あの、変なことを聞くと思わないでくれよ。今は、その、何年だ？」

「２０４８年」

「２０４８年……」

俺が言葉を失ったのは、ここが未来だからではない。これが未来じゃなかったらなんだっていうんだ。俺が驚いたのは、思ったよりも俺がいた「今」と近かったからだ。

「そう、今はまだ21世紀の前半【注11】。あなたがいた時代といっしょ」

「え？」

「シミズ・ツヨシさんでしょ？」

「そうだけど……」

　この女の子が誰なのかわからないが、俺が時間を超えてしまったことと関係があるということだろう。

　彼女は自分のことを「エチカ」と名乗った。

「その、カネの仕組みとかは、どうなっちゃってるんだ、ここでは？」

「貨幣経済のこと？」

　見かけのわりに難しい言葉を知ってやがるな、と思った。

「そう……その貨幣経済は、どうなっちまったんだ？」

「貨幣経済は衰退しました」

「はあ？」

　俺は思わず声を上げた。

「社会主義にでもなったというのか？」

「社会主義？　それは生産手段を社会全体の共有とし、個人が私有することを認めない社会制度ってことでしょ？　そこでは貨幣は使われないんだっけ？」

「いや……」

「私は『貨幣経済は衰退しました』と言ったの。私の話、聞いてた？」優等生の鼻につくような喋り……だと思ったのだが、意外と馬鹿にされたような感じは受けなかった。

ただ、ごまかすように俺は付近を見まわして、それからとりあえず、さっき出てきたばかりのコンビニについて、気になったことを口にしてみた。

「この店、ＡＴＭがなかった」【注12】

「ＡＴＭ？」

エチカはさも意外なことを聞かれたとでも言わんばかりの表情をして、何か遠い記憶を探るかのようにこめかみに軽く手を当てて目を閉じた。「Asynchronous Transfer Mode……じゃないな。Automated Teller Machine。こっちか。銀行の出先の装置がなかった、ということを言いたいわけね」

エチカはそれから、こんな衝撃的なことをさらりと言ってのけた。

「あなたたちが銀行と呼んでいたものは、２０２０年代の後半には消滅【注13】しました」

「何だって？　２０２０年代って、もうすぐじゃないか！」

違う。やや離れた過去だった。

限界費用ゼロ社会がやってくる……って言われても

座ってゆっくり話ができる場所に移動しようということで、エチカは俺を小さな公園に案内した。

その道すがら、少し先に、ミカン箱のような簡単な台【注14】の上に乗って演説している奴がいるのが見えた。撮影でもしているのか、ドローンがそのまわりを旋回している。ちょっと言い方が漠然としていて申し訳ないのだが、何かの社会の課題について何か言っているようだった。政治家か?……いや、それはないなと俺は思った。高校生くらいの少年だったからだ。

しかし、演説しているのが少年だということを差し引いても、俺がいた時代の政治活動と比較すると、何だか何かが欠けている光景という印象だ。

「まさか民主主義が衰退しているとか、言わないよな」

俺は半ばふざけてエチカに聞いてみた。

「まさか」と彼女は笑いながら答えた。「反動は確かにあったけど、私たち市民が民主主義をそう簡単に捨てるわけがないでしょ。もっとも、代表民主制は衰退【注15】しましたけどね」

やれやれ、銀行員だけでなく政治家も失業かよ。

エチカによると、俺がやって来たこの世界での政治っていうのは、何かを実現したいという思いに共感する人の割合が増えると、実際にそのことが実現される仕組みなのだという。なんだそりゃ。何の夢物語だ。

案内された小さな公園は、緑がふんだんにアレンジされた、小洒落た空間だった。だが俺の記憶では、銀座にはこんなところに公園はなかったはずだ。

俺たちはベンチに腰掛け、俺は早速おにぎりを食べた。美味い。ほんのり温かいし、手作りみたいだ。どうせコンビニのおにぎりだろうと期待していなかったこともあり、俺はちょっと感動した。しかし具が……。

これは、何だ？

「この具は、これは……あれか！」

彼女はうなずいた。

「なんて発想だ！　いや、美味いんだけど。未来人は、なんというか、独創的だな」

「人工知能による提案でしょ？」

そうか。いや、どこかで聞いたことがあるぞ。料理人と人工知能が共同作業で新しいレシピを作る【注16】とかいう試みが、俺がいた時代にもすでにあったはずだ。

「いや、こいつはコンビニで売られているにしては美味すぎるよ」

「コンビニ？」

エチカはまたも、意外だ、という表情をした。

「そうか……あれはコンビニエンスストアではなくて、あなたたちの概念で言うと、倉庫に近いと思う」

エチカによると、生産もそこでやっているというのだ。その地域の旬の食材を使った食べ物を人工知能が提案して、人間の選考にもとづいて生産し、分配しているのだと言う。それはつまり、地産地消【注17】ってやつだな。あのコンビニというか、倉庫に隣接する、真っ暗な空間【注18】の中では、ロボットが、食品も含めたいろんなものを生産しているとのことだ。真っ暗っていうのは、ロボットはそれでも周囲の状況を感知して動けるから、無駄な照明は省かれているってことらしい。

「この世界では、とにかく省エネだから。コンビニで売るお弁当を1つ作るために、食材を総計で地球何周分も運ぶような真似【注19】はさすがにもうしてないってわけね」

俺のいた日本でそんなことになってたなんて知らなかったが、食材の多くを輸入に頼っていたらそうなるわけか。

俺はちょっとした感慨をもっておにぎりのパッケージを見つめ、そして、そこにバーコードがついていないことに気づいた。

「人間が読めるものなら何だって、機械にも読める【注20】から、自動認識のために何かのコードを印刷しておく必要なんてないの」

言われてみればそういうことか。しかし、バーコードがないだけで、ずいぶん何かが足りない感じのパッケージになるものだな。

バーコードがなくても、かなり進んだ、プロダクトの追跡の仕組みがあるらしい。俺がやって来たこの世界では、何がどこで作られ、その材料はどこからどこを通ってきて、作られたものがどうなったかが記録され、常に検証が可能な状態に置かれている【注21】のだそうだ。製造や流通の過程で、エネルギーが無駄に使われてないかどうかや、環境に負荷がかかっていないかどうかも、確認されるという。検証するのは、どうやら人工知能らしいけどな。

そういえば、そんなことを実現するための技術が、さっきまで俺のいた時代でも騒がれ始めていたのを思い出した。

「何だっけ、ブロックチェーン、とかいう……」

「その言葉は今は使われていないの。つまりそれは、そうね……あなたたちの時代に、テレビのことを『ブラウン管』と呼ぶ人はいた?」

ブラウンカン?……何だっけ。なんか、子どもの頃に聞いたことがあるぞ。ああ、あれのことか。あの、薄くないテレビの画面のことだな。

「いや、そんな古めかしい名前では呼ばないな。テレビは液晶か、最近だと有機ELとかだしな。そもそもそれって、テレビっていうか、画面のことだろ?」

「でしょ? 同じこと。あなたたちの時代のサービス、ユーチューブのチューブ(管)はブラウン管のことですけどね」

知らなかった。そうか、あれは「おまえがテレビをやれ」って意味だったのか。

「あなたたちがブロックチェーンという名前で呼び始めたものを、私たちは『レッジャー』と呼んでいます」

エチカは、レッジャーとは台帳とか元帳の意味だと言った。電子台帳とか、デジタル台帳とは呼ばないのか、と疑問に思ったが、そういえば俺のいた時代でも、例えば「メール」といっても手紙のことはもはや指さないな【注22】。

「この世界では、私たちはレッジャーにＣＰＡ【注23】を登録しているの」

「ＣＰＡ？」

「Communicating Promises in the Air。でも今は、詳しい説明はやめておきましょう。ＣＰＡは、例えばロボットみたいな自動化されたオブジェクトがどう動作すればよいかを記述する、『契約』【注24】とか『約束』のようなものだと思ってみて。その正しさを、ビッグブラザー【注25】みたいな、ある決まった権威が確認したり認めたりするというのではなくて、相互確認で検証・承認し合っているの」

「人工知能がよろしくやってくれるんじゃなくて、何でその、レッジャーみたいな相互確認の仕組みが必要なんだ？」

「人工知能は、社会におけるビザンチン【注26】参加者だから」

「ビザンチン？」

なんか歴史の教科書に載っていた気がする……そうだ、あれだ。「ビザンチン帝国の？」

エチカは少し落胆したかのように見えた。

「あなたのコンピューター科学の知識の見積もりを誤ったようです。気にしないで」

「なんだ、知ってなきゃいけない何かだったのか？　悪かったな」

ふてくされたような言い方をしてみたが、エチカと俺とでは、知識に開きがあるのは当たり前だと、その実、気にも留めなかった。

「あのさ、それだけのことができていて、それでもカネが使われてないってことが、俺にはまだ飲み込めてないいんだけど。そもそも、これだけのシステムを作り上げるのにいくらかかった【注27】んだっていう」

「この世界の経済について、説明しなきゃならないってことね」

そしてエチカは、俺のいた時代から、この世界に至るまでの経済の変化を、ごくかいつまんで話してくれた。行きすぎた金融資本主義とデフレ、そして人工知能を含む情報通信技術の発展と、再生可能エネルギーの低コスト化で、物事が極端に安く済むようになったってことらしい。だが、俺には、そんな変化が起きるということの実感がわかず、何だか絵空事のようにも聞こえた。

その、納得してない感じが表情で伝わったのか、エチカはちょっと強い口調でこんなことを言った。

「あなたのいた時代との個別の違いに注目して、それをあなたの時代の常識に照らして解釈する【注28】なんてナンセンスじゃない？　だって、原理が変わったんだよ？　わからないの？『限界費用ゼロ社会』【注29】が到来したってことが！」

「はあ？」

「私たちが生きていくのに必要なすべてのものが、貨幣経済的に見て、無料で手に入るようになったの。そんな社会の中で私たちがどう生きていくか、変わらないわけがないじゃない。まわりをよく見て。他に気づかない？　あなたのいた街との違い」

俺のいた街との違いったって、これまで見てきたとおり、十分以上に違ってるじゃないか。もしかしたら人間よりロボットの数のほうが多いくらいだし、建築も、昔の様式を残しているのもあるが、多くはウルトラモダンな造りだ。そしてカラフルな壁面。銀座という街の以前からのアイデンティティを崩さない範囲で、たくさんのアートがビルの壁を飾っている。たくさんのアートが……。

「あああ！」

俺は立ち上がり、周囲の建物という建物の、壁という壁をくまなく見まわし、そして確信した。俺がいた街とは、根本的なところがまるで違っている。

「看板がない！……広告がないんだ！」

「ここには消費者がいません【注30】。だから消費者に向けられたメッセージもないの」

「消費者が……いない？」

俺は頭を抱えてうずくまった。

この世界に来て以来、ずっと感じていた、何かが足りない、っていう感覚は、単にコンビニだと思った場所にレジがないとか、おにぎりのパッケージにバーコードがついてないとか、そういうことではなく、「これを買え」とか、「こっちを選べ」というメッセージがどこにも埋め込まれていない、その静けさだったんだ。

たった30年ばかりの間に起こった変化に、俺は目まいがした。30年ってことは、もし俺に今、子どもが生まれたとして、その子が今の俺くらいになるってことだろう。たぶん、俺自身だって生きている。これは、俺がジイさんになった頃の世界ってことだ。

もしかして、ジイさんになった俺が、その辺を歩いてたりするんじゃないか。

これからの30年で、文明は引き返せない地点を越えるのか

「私たちは、もはや消費者ではなく、労働者でもありません。支配する側と支配される側とに分かれて生きる時代は終わったの」

エチカは言った。

「私たちがどういう意思【注31】をもって、どんな社会を作り、どう生きていきたいのか。そのことが問われる世界が始まったのです」

あのコンビニ、……じゃない、倉庫を出るとき、男に言われた「がんばれよ」の意味が、俺にもようやくわかった気がした。生産者と消費者の区別がなくなっているということは、あの男も、あの倉庫で行われている生産の仲間ってことじゃないか。あれは、そうやってコミュニティに参加している人たちのための倉庫なんだ。そこに俺がやってきて、勝手におにぎりをもっていった。あの男には、俺がコミュニティの仲間でないことがわかっていた。そのうえで許容してくれたんだ。コミュニティの仲間じゃないから「がんばれよ」なんだ。あいつらの、この世界の、生活のルールの外の人間だから、ドロップアウトなんだ。そういうことなんだろう。

この30年で、何もかもが変わってしまうということを、俺はついに実感した。人工知能が、レッジャーってやつの助けを借りて、社会を根本的な仕組みから自動化している。俺が携わってきたような、金融の情報化なんて次元じゃなく、経済の仕組みそのものがひっくり返った後の世界だ。社会の中心まで自動化されてやがる。

ただ、そこには人間がいる。それが救いだ。自分たちとは違う、多様な相手でも尊重してくれる人間がいる。人間が……人間……。

「え……」

俺はエチカの瞳の、その、虹彩の部分が、非常に自然に作られてはいるのだが、精巧な、機械的なメカニズムであることに気づいた。

「お前は、……！」

「言っておくけど、私はロボットじゃないから」

エチカはにこやかに続けた。

「人間と機械との間には、もともと厳密な境界なんてないの。あなただって、コンタクトレンズをつけているでしょう？　私たちは、ずっと昔から、技術によって自らの身体を拡張して生きてきたの。ただ、私はたぶん、あなたの時代に生まれていたら、生き続けることはできなかった。だから、切実に、思っていることがあるの」

ちょっと待てよ。これまで、エチカと話してきて、その知性が発達した感じから、彼女は見かけにはよらず、俺と同い年くらいではないかと、俺は感じるようになっていた。生まれたときに、身体の一部を機械で置き換えるようなことが可能になるのはいつだ？　俺のいた時代から数年……なわけがないよな。10年でも無理っぽい。じゃあ彼女は、いつ生まれたんだ？

「私は今、私たちがいるこの世界より、少し先の世界の住人なの。21世紀の後半ね」

エチカは俺の疑問を察したのか、そう説明した。俺の理解の範囲はとうに飛び越えている。

「この世界は、あなたたちの時代から、地続きの未来。でも、ここに至るのは、困難な道のり。その道のりを確実に歩んでもらう必要があるの」

「……あんたたちにとっては、もう起きたことじゃないのか」

「科学っていうのは、仮説を検証していくプロセスだけど、仮説を立て、それを検証していくループを人工知能がまわしていくことで、物理学でいくつものブレイクスルーが起きて、その過程で、因果律についての理解も進んだの」

エチカは説明を続けた。

「私たちの知が拡張されていく速度が指数関数的に加速し、秒間にいくつも重要な科学的発見がなされていく中で、時間というものが何なのか、私たちはあなたの時代や、今いるこの世界よりも、ずいぶん理解を進めることができたの。因果律が、そんなにきっちりしたものじゃないってことも、私たちにとってはもはや常識なのよ」

そして、俺には到底理解できなかったが、時間について何か深遠なことを言った後、「私たちには成就させる責任がある」というような意味のことを彼女は言った。

「ビジョンを共有する人々が必要なのです」

「おいおい、何を勝手なことを言ってるんだ」

「また接触します」

彼女のその言葉が終わると同時に、何か見えないものに俺の身体は押し出され、まわりの光景が一瞬で切り替わり、気づくと俺は歩道の真ん中に突っ立っていた。

人がぶつかってくる。俺は、俺の日常に帰ってきたんだ。

しかし心はもはや平穏ではない。疑問が渦巻いていた。白昼夢だったのかもしれない。だが、あまりにもリアルだった。リアルでありながら、俺が今、住んでいるこの時代とはかけ離れていた。

どうやったら消費者がいないなんて世界がやってくるんだ。人工知能やロボットがあれだけ発達していて、それでも相互確認みたいな仕組みが必要なのはなぜだ？　ビザンチン参加者って何だ？

そして、そこに向かって行く道は、いったいどんな道のりだというのか。

＊＊＊

シミズ・ツヨシが疑問を抱いた、それら一連の謎を解明するのが本書の目的である。この短いSFの中で語られた「レッジャー」と２０１７年時点のブロックチェーン技術との間には、いまだ深い溝がある。

現在のブロックチェーンの技術についてはかなり厳しい話もするが、西暦２０００年から17年以上にわたり、デジタル通貨やその他社会基盤のデジタル化について考えてきた研究者の本音だと思って聞いていただけたら幸いである。

それでは、シミズ・ツヨシの問いの答えを探っていこう。本書タイトルの『信用の新世紀』とは、そのほとんどの部分が、私たちが今、生きている21世紀に含まれる、これからの１００年のことである。

注01【ロボット】ここでのロボットは車輪走行を想定しているが、ボストンダイナミックス社が２０１７年に発表した「ハ

ンドル（Handle）」のように、2本の足にそれぞれ車輪がつき、障害物をジャンプして飛び越えたり、階段を駆け下りたりするような運動能力を備えたものだと思ってほしい。

注02【歩いている人につかず離れず】空撮用のドローンでは、被写体を自動追尾するものがすでに販売されている。また、ピアッジオ社により「21世紀のヴェスパ」を目指して開発された運搬用ロボット「ジータ（Gita）」は、飛行こそしないが、最大18キログラムの荷物を載せて自動走行で持ち主に連れ添って移動する。

注03【無人のまま勝手に車体は走り出す】自動運転車が普及すると、企業や個人に所有されるというよりは、共有物になっていくと予想されている。また、充電時以外には駐車せず、走りまわっていたほうが可用性が高まると考えられる（エネルギー消費は懸念されるが、台数は少なくて済むだろう）。

注04【携帯がつながらない】現在よりも飛躍的に性能が高まる第5世代移動通信システム「5G」は、２０２０年にもサービスが開始される。それに伴い、時代遅れになった移動通信の電波は徐々に停波していくだろう。もちろん、そのことにかかわらず、契約が止まっていれば通信できないのは当然だ。

注05【金融系のウェブサービスのコード】オンライン化という意味では他業界に先行していた金融だが、ようやくインターネットの活用による業態の変化が始まった。フィンテック（FinTech：Financial Technology）はそうした活用の総称と言え、多くの才能がこの金融×インターネットの領域に流れ込んできている。

注06【何に使うかわからないようなもの】例えば、3Dプリンティングを活用すると、口内を3Dスキャンしたデータを使って自分専用の入れ歯のような歯ブラシを作れる。「ブリジデント（Blizzident）」は実際にそのようにして受注生産される歯ブラシで、6秒間、噛み続けるだけで完璧な歯磨きが完了する。

注07【アマゾン・ゴー（Amazon Go）】アマゾン社による実験的サービスで、レジのないコンビニエンスストア。顧客が店を出たときに、アマゾン社に登録したアカウント上で自動的に決済される。２０１６年からシアトルにて実験が始まった。

注08【ぶつからない】機械学習の手法である「強化学習」では、例えば自律的に移動するロボットカーに対して、互いや障

害物にぶつからなければ報酬を与え、ロボットカーは報酬を最大化するように学習していく。すると、そのロボットカーは新しい環境に置かれてもぶつからずに移動できるようになる。また、未学習の、ぶつかってしまうロボットカーが紛れ込んでも、それを巧みに避けて移動できるようになる。ちなみに、学習はシミュレーションでも可能なので、実際に物理的な衝突を繰り返すことはない。

注09【変なイントネーション】例えば「画面」という言葉を口に出すとき、あなたは「が」にアクセントを置くだろうか。それとも平坦に発音するだろうか。まわりの人々はどうだろうか。言葉は常に変化していて、10年といった単位ですら、そうした変化が起きてくる。

注10【服装が周囲から浮く】ファッションについては、変化は言わずもがなであるが、社会の状況にあまり変化がないとしたら、実用的な意味での服装に、素材やデザインの面でさほどの変化は生じないとも考えられる。だが、現在から思い切って60年くらい遡ると、1950年代となり、かなりファッションが変化したことがイメージできるだろう。そうした変化が、今後はもっと短い間に起きるかもしれない。

注11【21世紀の前半】2001年~2050年までが21世紀の前半となる。もしかすると、どの半世紀も、それまで人類が経験した中でもっとも波乱に富んだ半世紀だったのかもしれない。ちなみに、2050年は、国際ロボット競技大会「ロボカップ」が、「人型ロボットのチームでサッカーの世界チャンピオンチームに勝つ」ことを目標にしている年である。未来学者レイ・カーツワイルは、安価な1台の人工知能マシンの能力が人類全体の情報処理能力に匹敵するようになる「シンギュラリティ」の到来を、当初2045年と見積もった（現在はもっと早い予想になっている）。

注12【ATMがない】電子マネーやデジタル通貨が一般化する「キャッシュレス化」に伴い、現金を引き出したり、現金で振り込みをしたりする必要がなくなると、ATMの存在理由が失われる。それとともに、駅前に集中している各銀行の支店なども、銀行にとっては単なるコストへと化していくだろう。

注13【銀行が消滅】銀行の三大業務は預金、為替、融資であるが、キャッシュレス化を契機に、いずれも銀行特有の業務で

はなくなっていくと考えられる。すなわち、現在は銀行の業務とされている事業に銀行以外のいわゆるＩＣＴ（情報コミュニケーション技術）企業等が進出し、反対に、銀行は三大業務以外に活路を見出そうとすることにより、少なくとも銀行と非銀行の区別が失われていくと考えられる。国際競争力の確保のため、規制当局は、むしろそうした変化を後押しする規制緩和を進めていくだろう。

注14【ミカン箱のような簡単な台】演説のために乗る台（演壇）のことを「プラットフォーム」と呼ぶ。ロンドンの王立公園「ハイドパーク」には、誰もが（ミカン箱はないかもしれないが）プラットフォームを置いてその上に立って演説できる「スピーカーズ・コーナー」がある。

注15【代表民主制は衰退】インターネット技術を応用して「直接民主制」を実現することは、E-デモクラシーの重要なテーマである。

注16【料理人と人工知能が共同作業で新しいレシピを作る】ＩＢＭとボナペティ社は、人工知能によるレシピ提案アプリ「シェフ・ワトソン」を共同で開発し、２０１４年、そのベータ版を公開した。

注17【地産地消】もともと、地域の農産物をその地域で消費し、地域内で経済を循環させる意味をもつ言葉だが、3Dプリンティング等の製造技術や、知識・知見のデジタル化による共有が進むと、生産拠点を地域内にもつことがより容易になっていくと考えられる。

注18【真っ暗な空間】山梨県にあるファナック社の工場では、ロボットが工作機械を生産しており、実際に工場内は真っ暗だそうだ。

注19【食材を地球何周分もの距離を運ぶ】フードマイレージ（食料の輸入量（トン）×輸送距離（キロメートル））という考え方で、食事の環境負荷を可視化できる。

注20【機械にも読める】２０１５年頃、手書き文字の自動認識などで、誤認識率が人間のそれを下まわり始めた。

注21【材料とプロダクトのトレーサビリティ】２０１７年、ＩＢＭはウォルマート、ドール、ネスレなど、食品関連の大手

企業と協力して、食品サプライチェーンにおけるトレーサビリティのためにブロックチェーン技術を導入予定だと発表した。ただし、本書を通して見ていくように、そうした応用の実用化までには課題が多いと考えられる。

注22【メールはもはや手紙のことを指さない】反対に、手紙のことを「スネイルメール（カタツムリのように遅いメール）」とか「郵政省メール」（当時）と呼ぶような文化がコンピューター科学者の間では昔からあった。テレビも、現在のものが「テレビ」なのであって、例えばカラーテレビ以前のものは、特に「白黒テレビ」と言わなければ通じない。おそらく現在主流のテレビも、近々「2Kテレビ」などのように呼ばれるようになるだろう。

注23【CPA】本書による造語。いわゆるスマートコントラクトのことを指す。Certified Public Accountant、すなわち公認会計士の略語とも一致しているが、読者ははたして偶然と思うだろうか。

注24【自動化されたオブジェクトのふるまいの契約】いわゆるスマートコントラクトのことを指す。また、より一般には、自動運転車、腕時計、冷蔵庫、エアコンなどを動かすコンピュータープログラムのことを指すと思えばよい。

注25【ビッグブラザー】作家ジョージ・オウエルによる『1984年』に登場するキャラクターが語源であり、民衆を監視する権威を指す。

注26【ビザンチン】ビザンチン帝国が語源であるが、史実とは特に関係なく、コンピューター科学において、障害の種類に前提を置かず、任意の誤動作や、ルールからの逸脱が起き得ることを示す。詳しくは第3章を参照。

注27【これだけのものを作るのにいくらかかった】映画『スタートレック ファーストコンタクト』において、貨幣が存在しない24世紀の未来から21世紀にタイムスリップした巨大宇宙船エンタープライズ号の艦長に対して、その宇宙船に乗り込んだ21世紀の住民が同じ質問をしている。もちろん、貨幣が存在しないのだから、いくらもかかっていない。

注28【自分の時代の常識に照らして解釈する】私たちは、どうやら過去と未来とのどちらに対しても、自分が生きている社会の現実や常識に照らしてしか物事を見ることができない。なので、大河ドラマに出てくる歴史上の人物は現代人のように考え、喋るし、未来を描いたSF作品の登場人物も往々にして現代人にしか見えない。

注29【限界費用ゼロ社会】文明評論家ジェレミー・リフキンによる著書［参考文献17］の名称であり、物やサービスが無料になる社会を示す。「限界費用」は「物やサービスを1単位追加生産するコスト」のこと。

注30【消費者がいなくなる】本書を通して見ていくように、デジタル技術は人々を専門未分化な状態に向かわせていくので、コミュニティの中での人々は、人工知能やロボット、あるいは他の人々からのアシストによって、基本的に誰でも種々のことを主体的にできるようになっていく。したがって、少なくとも、生産者と消費者の区別がなくなると予想できる。

注31【意思】「どのように実現するか」という部分では、自動化がどんどん進んでいき、今、私たちがやっていることが人工知能やロボットにより置き換えられていったとしても、「何を実現したいか」は、今のところ人工知能からは出てこない。だとすれば、人間が人間であるという中核部分には「意思」しか残されないことになる。逆に、「意思」さえ有効に発揮できれば、さまざまなことが自由に実現可能になっていくと考えられる。

第1章　ブロックチェーンって何だ？

注目されるブロックチェーン

読者のみなさんの多くは、冒頭のショートSFの主人公、シミズ・ツヨシと同じように、「ブロックチェーン」という言葉を聞いたことがあるはずだ。それがこの本を手にしている理由でもあるだろう。

２０１７年４月、日本ではデジタル通貨「ビットコイン」を主に想定する「仮想通貨」というものを定義する法律（「改正資金決済法」）が施行され、家電量販店であるビックカメラは東京の２つの店舗、有楽町店および新宿東口店にて試験的にビットコインでの支払いを受けつけ始めた（その後、ビックカメラは全店でビットコインによる支払いを受けつけることを決めた）。ビットコインなどの「仮想通貨」は、今や交通系ICカードなどのプリペイド（前払い式）な電子マネーとは異なる種類の支払いの手段として法的に認められ、社会的な受容も始まっている。そして、会計上の扱いはあくまで通貨ではなく「資産」であるものの、支払い手段なのだから、2017年7月からはビットコインなどの購入に消費税がかからなくなった。事実上、法的にも社会的にも、いよいよ新しい「お金」が誕生したと言ってもよいだろう。私たちはそんな時代を生きている。

ブロックチェーンは、そのような新しい「お金」としての、多くのデジタル通貨を実現するための基盤技術として用いられている。それが可能にするとされていることは、基本的には次の2つだ。

① 記録の内容も、その存在も、誰にも否定できないように保存・維持できる。

② その確かさを誰でも確認できる。

これらのことが重要になるのは、何もお金に限ったことではない。そこで今や、お金以外に広く応用が可能ではないかといった考えから、さまざまな提案がなされ、実験も開始されている。だが、現状でその技術的な特徴・特性が広く理解されているとは言い難く、ブロックチェーンの応用については夢物語ばかりが語られている傾向がある。その一方で、ブロックチェーンが可能にするとされていることの社会的な波及効果については、過小に評価されていると言ってもよいだろう。まず、誤解を解いていくところから始めなければならない。

ブロックチェーンとブラウン管は似ている？

ブロックチェーンは、読んで字のごとく、「ブロック」の「チェーン」である。おそらく、個々の取引の記録が詰まった「ブロック」が、後で述べる「ハッシュチェーン」の形式で連なったものだから「ブロックチェーン」と呼ばれるに至ったのだろう。しかし、私はこれをよい名前だとは思っていない。それには複数の理由がある。

まず、ブロックには「固まり」という意味のほかに「何かを寄せつけない」といった意味もある。ツイッターなどのソーシャルメディアで、鬱陶しいといった理由で他のユーザーを「ブロック」している人もいると思うが、あの意味だ。いずれにせよ、「固まり」や「防御」という意味をもつブロックという言葉から、人々は守りが堅い印象をもつのではないだろうか。チェーンも「鎖」なのだから堅いイメージだろう。

「ブロックチェーン」という名前の効果だけで強いセキュリティをもつような印象をもたらしているわけだが、この章の後半で解説するように、実際のブロックチェーンの動作は確率的・統計的であって、名前がもつ印象とかけ離れている面がある。ブロックチェーンについて、人々がプレゼンをする際に、よく金属の鎖のイメージが使われるが、ブロック「チェーン」なのだから「絵」的には仕方がないにせよ、それにしても印象操作的だと私は感じている。作り手に悪気はないのかもしれないが、受け手はそうしたイメージに惑わされないようにしなければならないだろう。

また、「ブロックチェーン」という呼称は、実現される何かというよりは、その何かを実現するために選ばれた仕組みのほうを表している。冒頭のショートSFでエチカが指摘したように、例えるなら、テレビのことを「ブラウン管」と呼ぶようなものと言える。「ブラウン管」は、映像を離れたところに送るというテレビの本質を突く名前ではない。そもそもテレビのことをブラウン管と呼ぶ人はいないと思うかもしれないが、エチカも言っていたとおり、動画配信サービスの「ユーチューブ」(「おまえがテレビしろ」くらいの意味)の「チューブ(管)」とは、まさにこのブラウン管のことで、英語でのテレビの俗名の名残りなのだ。

もし私たちが、テレビについて、「ブラウン管か液晶か、あるいは有機ELか」が大事なのではなく、「映像を離れた場所に送ること」が大事だと思うなら、同じように、ブロックチェーンはそもそも何のためのものなのか、ということを、もっとよく考える必要があるだろう。

ちなみに、ブロックチェーンを発明したとされる、「サトシ・ナカモト」を名乗る人物ないし集団は、その最初の設計文書［参考文献15］の中では、この技術を「ブロックチェーン」とは呼んではいない。では何と呼んだかというと、「分散タイムスタンプサーバー」である。ということは、ブロックチェーンは「タイムスタンプ」のサービス、すなわち、ものごとが起きた時刻を証明するサービスとして意図されているということになる。

「証明」の手段としての新聞――すべてはタイムズ紙の見出しから始まった

ブロックチェーンは、最初、デジタル通貨である「ビットコイン」の仕組みを成り立たせるために発明された。個々の送金の記録が詰まった「ブロック」には、（実は信用できる時刻ではないのだが）タイムスタンプが押されている。だが、ビットコインの始まりには「タイムスタンプ」の概念がまた違ったかたちで出てくる。まずはそれを見てみよう。

ビットコインでは、コインの送金のことを「取引（transaction）」と呼び、ブロックにはこの「取引」の記録が詰まっている。1つのブロックには数千個程度の取引が記録されている。

ブロックチェーンは、後で述べるように、このブロックを数珠つなぎにしたものだが、その最初のブロックは、特に「ジェネシスブロック」と呼ばれている。「ジェネシス」とは「起源」のことだが、もともと聖書の「創世記」のこととして知られている。もしかすると、ブロックチェーンを発明したり当初から関わったりしている人々の文化的背景を物語る用語かもしれない。

さて、ビットコインの場合、ジェネシスブロックが作られたのは、2009年1月3日以降（おそらく英国時間でその日当日）であることが知られている。サトシがそうアナウンスしたからではない。その日付は証明されているのだ。

ビットコインのジェネシスブロック（の中の取引データ）には、次の文字列が埋め込まれている。

The Times 03/Jan/2009 Chancellor on brink of second bailout for banks

これは英国の新聞の1面の見出しである。日本語に直すと「タイムズ紙2009年1月3日、財務大臣、銀行への2度目の公的資金による救済へ」といったところだろうか。新聞の見出しであるから、その号が発行された後でなければ一般には知られないし、新聞社自身も直前に決めているのだろうから、これが埋め込まれたのは、２００９年1月3日のタイムズ紙の発行時刻以降だと証明されていると言って差し支えないだろう。

この文字列がビットコインブロックチェーンの先頭に埋め込まれていることは、誰でも確認できる。

例えば、ウェブ上で使えるブロックチェーンエクスプローラー（ブロックチェーンの中身を検索・探索できるサービス）の1つであるblockchain.infoにて「search」フィールドにジェネシスブロックの番号を示す「０」を打ち込み、表示されたブロックに格納されている唯一のtransaction（取引）の中身を見ればよい。

このジェネシスブロックを作成したのはサトシである。

前述のように、「サトシ・ナカモト」は、ビットコインを発明した人物ないし集団が名乗った仮名だ。漢字で書かれることもあるが、正しくない（なのでここでは書かない）。本人が漢字を使ったことがないからである。「ナカモトサトシ」と呼ばれることもあるが、これも正しくない。米国の初代大統領を「ワシントンジョージ」と呼ぶ人がいないのと同じ理屈だ。おそらく彼ないし彼女、または彼らは日本語が使えないのだろう。わざわざタイムズ紙を参照している点もあるし、ネットへの書き込みの時刻から推測される活動時間帯から考えても、英国に在住しているか、あるいはしていたのではないかとの憶測もある。

サトシの正体はわからないので、その意図を本人の口から聞くことはできない。新聞の見出しを埋め込んだことには、おそらく日付の証拠としての意味があると考えられているが、だとしたら他の見出しでもよかったはずだ。タイムズ紙のその日の1面には、他に「イスラエル、ガザへの戦車と部隊の派遣を準備（Israel prepares to send tanks and troops into Gaza）」という見出しもあり、こちらも十分に社会性があり重要である。それにもかかわらず、特にこのニュースを選んだということは、おそらく、既存の銀行の仕組みに物申したいことがあったからとも推察できる。

ビットコインの「問い」と「補題」

ビットコインの作者には、どんな意図があったのだろうか。それを考えるためには、まず、ビットコインが解こうとした「問い」から始めなければならない。

すべての技術は、特定の問いに対する答えである。

例えば、飛行機は「空を飛ぶためには？」という問いへの答えだし、飛行機の中でも、プライベートジェットは「移動している間は誰にも邪魔されずに、長距離を比較的短時間で移動するためには？」という問いへの答えとして生まれたと考えられる。

もちろん、技術はさまざまな発想から生まれるもので、必ずしも問いが先行するとは限らない。新しい技術が発明されたことで、それに呼応する新たな問いが社会の側に生まれることもある。しかし、人間にとって意味のある問いの答えにならないのであれば、実際に社会の中で技術が使われる望みはない。

では、ビットコインの問いは何だったのだろうか。サトシの手による設計文書には、「信用によらず、数学的証明にもとづく電子的な支払い手段を作る必要がある」といったことが書かれているが、それはどちらかというと「答え」であって「問い」ではない（しかもできあがったビットコインの仕組みは、根本的なところで参加者への信用によっている）。サトシ自身は「問い」自体をさほどクリアにしていないのだが、作られている技術から逆算すると、次のようになると考えられている。

「自分がもっているお金を自分の好きに使うことを、誰にも止めさせないためには？」

この問いに意味があるのは、実際に、自分のお金を使うことを誰かに止められてしまうことがあるからだ。例えば、銀行口座が凍結されると、その銀行に預かってもらっているはずの自分のお金が使えなくなってしまう。

善良なる読者のみなさんは、そんな目に遭うのは、犯罪者など特殊な人たちだけだと思ってしまうかもしれない。しかし最近、インドに住み、現地の大学で教鞭をとっている私の友人が、銀行口座が凍結されたと言って困っていたし、日本の歴史の中でも、過去に一般の人々の銀行口座が凍結されたことがある（１９４６年の新円切替に伴う「金融緊急措置令」など）。

このように、銀行にお金を預けている場合は、引き出しのサービスが停止されたら終わりであるわけだが、しかし、だからといって現金でもっていても安心はできない。インドでは、２０１６年11月、首相が「紙幣の切り替えを行うため、４時間後に現行の高額紙幣が使えなくなる」と宣言し、実際に使えなくなった。そのことが、そもそも私の友人が体験した銀行口座の凍結騒ぎにまで発展したのだ。

むろん、人の手で使う紙幣であれば、政府ないし中央銀行が切り替えを指示したとしても、ある程度の自由はきくだろうが、多勢にとっては事実上使えなくなる。

そうすると、「自分がもっているお金を使うのを誰にも止めさせない」というのは、なかなか困難な課題であることがわかる。まず、預金封鎖の前例がある普通の銀行はもちろん、いわゆるモバイルペイメントシステムのようなものを作ったとしても、それがウェブサービスとして提供されるのだとしたら決して実現できない。サービスが止まったら、自由に送金することを止められたのも同然になるからだ。

注意していただきたいのは、これはいわゆる「ゼロダウンタイム」(システムが停止せず、100%の可用性を提供する)のことを言っているのではない。ブロックチェーンならゼロダウンタイムが実現できると宣伝する向きもあるが、信じないほうが無難だ。

ダウンタイムは、サービスの端点、すなわちサービスを受けている端末から見たシステム全体の信頼性の問題なので、ブロックチェーンを用いるシステムでも発生し得る。そして、事実上ダウンタイムが発生しないようにシステムを構成する場合は、必然的にデータベースの一貫性が損なわれる(第3章にて後述する「CAP定理」から導かれる)。ゼロダウンタイムの追求は、かえって問題を生むと認識しなければならない。

話がちょっとそれたが、ここでは、サービスが止まる場合というのは、むしろ、サービスの提供を止めたり(いわゆる「ディスコン=継続しない」)、倒産などによって、サービスを動かす主体がなくなってしまうことを想定している。

といっても、どんなサービスも、それを動かしている特定の主体がいる限り、いずれは止まるときが来るだろう。すると、この問いを満たすためには、「特定の主体がシステムの運用を担わない」ように作らなければならなくなる。つまり、群衆で、みんなで動かすということだ。誰かが欠けても、変わらずに大勢で動かしているとか、メンバーが半分以上入れ替わっても、まだそのまま動いている、ということになれば、自分がもっているお金は、あたかも空中に固定されているかのように、自分が使えるままのかたちで、いつまでもそこにあり続けることができると言えるだろう。

そこで、「自分がもっているお金を自分の好きに使うことを誰にも止めさせないためには?」という問いに対しては、次のような「補題」、すなわち、問いに答えるための部分的な問題を考えることができる。

「空中に約束を固定するには?」

これができれば、先の問いを満たせる。しかし、ここでいう「約束」とは何だろうか。

ビットコインで空中に固定したいのは「お金」だ。そして、お金とは、本質的に「次の相手にもお金として使えるという約束」である。お金を定義するのに、お金という概念がその定義の中で使われてしまっているが、この時点では、お金とはそんなふうに不思議なものなのだと思ってもらえばよいだろう。

この補題を解くための技術、つまり、「空中に約束を固定することを意図した技術」がブロックチェーンなのである。最初に言っておくと、ブロックチェーンは「空中に約束を固定するには？」という問いの解として完璧ではないが、ほどほどに正しく動作する。

もしこれからブロックチェーンを応用したいと考えている企業や政府が、その技術に完全さを求めているなら、間違いなく失敗するだろう。むしろ、いい加減な技術でも、使う側にとっては事実上無料と言える程度に安く動いている、ということこそが重要なのだ。ブロックチェーンの応用を狙って起業した世界の多くのベンチャーは、この点を理解しているはずだ。

新聞に載せる、とは？

サトシは、ビットコインの設計文書の中で、「これを実現するには、取引の記録を新聞に載せればよいのだけれど」といったことを何度か書いている。そして、ビットコインのジェネシステムが開始した日についての証明を行っている。どういうことなのか、少し詳しく見ていこう。

例えば、アリス（Aさん）からボブ（Bさん）に10円送る、というのをデジタルに実現したいとする。これをいわゆるクライアント／サーバーの方式で作るなら簡単で、サーバーがアリスやボブの口座を管理し、アリスの口座から10円引いて、ボブの口座に10円足せばよい。だがこれでは、サーバーがサービスを停止したら、ボブは送ってもらったお金を使えなくなる。

そこで、サーバーを介さず、アリスからボブに直接ネットワークを通して10円のデータを送ることにしたとしよう。デジタルの世界で「送る」というのは、相手にコピーが届くことだ。ファックスと同じで、手元には送ったはずのデータがまだ残っている。なので、アリスは「送っていない」と言い張ることもできる。「ボブは勝手に10円のデータを作って、自分が受け取ったことにした」とアリスが主張したとしたら、その主張が間違っていることを証明することは困難だ。

そこで、データをそのまま送るのではなく、そのデータに対する「デジタル署名」といっしょに送ることにする。署名は偽造できないので、アリスは、自分の署名の入った「10円をボブにあげた」というデータを否定できない。内容証明郵便と同様に、データに間違いがないことも確認される。

だが、それでも問題はまだ残っている。10円のデータ（過去に誰かが「10円をアリスにあげた」というデータ）は、依然としてアリスの手元に残っているままなのだから、アリスはその10円にまたデジタル署名を施して、ボブではない誰か、例えばキャロル（Cさん）に送ることができてしまう。

ボブはデジタル署名を検証して、間違いなくアリスが所持していた本物の10円のデータが送られたことを確認できる。キャロルもまた、デジタル署名を検証して、間違いなくアリスが所持していた本物の10円のデータが送られたことを確認できる。2人とも正当に10円を送ってもらったとしか思わないが、アリスはまんまと2倍の金額である20円を使ってしまっている。

これが「二重消費」の問題である。

この問題を解決する方法はいくつかある。そのうちもっとも単純な方法が、ビットコインでも概念的に採用されている、「すべての送金の記録を新聞に載せてしまう」という方法だ。アリスがボブに、ある特定の10円のデータを送った時点で、アリス自身による署名つき記事として、そのことが新聞に載る。すると、アリスが同じ10円のデータをキャロルに送ろうとしても、キャロルは「それはもうボブが受け取ったものだから」と、拒否することになる。

しらばっくれて受け取ればよいと思うかもしれないが、新聞に載ってしまっているのだから、もし受け取ると、誰が見てもボブが正当な持ち主である10円を、不正に持っていることにしかならないからだ（だから、キャロルはその10円を受け取ろうとしないわけだが、しかしこのことは、誰もが「不正を嫌う」あるいは少なくとも「不正を嫌う人の前では不正を嫌っているようにふるまう」ということを前提にしているという点で、根本的なところで、システムというより人間への信用にもとづいている）。

このように、新聞に載せることで二重消費の問題は回避できるが、新聞社が発行するような実際の新聞を使わずにそのことを実現しなければならない。なぜなら、新聞社が発行する新聞の場合は、新聞社の都合で記事が差し止められ、載せてもらえない場合が出てくるかもしれないし、あるいは、その新聞自体が廃刊（ディスコン）になるかもしれないからだ。送金を「誰にも止めさせない」ためには、新聞社ではなく、みんなの力を使って、対等な相手同士の協力によって、決してどんな記事も、それが正しい限りにおいて拒まれないような、そして、みんなが望む限り発行し続けられるような、新聞の代わりを作らなければならない。

新聞モデル

さて、ここからは、ビットコインのブロックチェーンの仕組みを、みんなで作る新聞というモデルを使って説明してみよう（正確な仕組みについて興味のある読者は、例えば拙著『未来を変える通貨ビットコイン改革論』［参考文献21］を参照されたい）。

このモデルでは、みんなはネットワークを構成している。ネットワークの中には、1つ1つの記事（すなわち、どのコインを誰から誰へ送ったかという送金イベントを記した署名つきデータ）や、それらをまとめた1ページ分の新聞の紙面（すなわち、送金の記録を集めたブロック）が流れている。こうしたデータは、ネットワークに参加している全員に届くように、コピーを繰り返しながら、バケツリレーのようにしてネットワークの中を伝播していく。そして、みんなはそれぞれ、新聞の最後のページを知っていると思っていて、ネットワークに流れてきた記事をまとめて、その次のページを作ろうとしている。

さて、ここまでの設定条件だと、どんなことが起こるだろうか。みんなはそれぞれ新聞の新しいページを作って、それをネットワークに流す。それぞれ勝手に内容を作っているわけだが、同じページ番号をもつ、内容が異なる紙面が一斉に流れてきたら混乱するだろう。

そこで、新しいページを作る担当者を、くじ引きで選ぶことにする。そうすれば、混乱はなくなるだろう。ところが、このことにはいくつかの問題がある。まず、くじで当たった人が、新しく作ったページをネットワークに流す前に気絶して、流されなかったらどうだろう。誰が代わりをするのだろうか。それに、くじはどうやって管理すればよいのだろうか。例えば、くじの入った箱があるとして、それを管理する人はどうやって決めるのだろうか。くじ引きで決めるのだろうか。そのためのくじの入った箱を管理する人は……。

これらの問題を解決するために、特殊なくじ引きの仕組みを用意する。この仕組みでは、くじの入った箱は全員がそれぞれもっている。箱のそれぞれに、同じ、ごく小さな割合で、当たりくじが入っている。そして参加する全員が全力で自分の箱からくじを引きまくる。この方法であれば、誰かがくじに当たった後、作った紙面を流す前に気絶して流されなかったとしても、別の誰かがいずれ必ずくじを当てるし、くじを管理する特別な人も不要になる。ただし、すばやくたくさんのくじを引けたほうが勝ち、ということにはなる。

さて、くじに当たったことを本人が宣言したら、それを信じてよいのだろうか。そういうわけにもいかず、何かの証拠を残す必要があるだろう。そこで、作られた新聞の紙面自体に、

「くじに当たった人が作った」ということが検証できるような証拠を残すことを考える。一番よいのは、偽造できないような当たりくじそのものを紙面に載せることだ。そこで、こんなふうにくじの仕組みを作る。

まず、「紙面のダイジェスト」というものを各ページについて作るものとする。この「ダイジェスト」というのは、ページのデータを圧縮することによって得られるある大きな整数で、同じ内容なら必ず同じダイジェストになるが、内容が少しでも違うとまったく違うダイジェストになり、どういう内容ならどんなダイジェストになるかの法則性がいっさい見えないとする（後述するように、こういう性質を満たす計算方法を作ることは実際に可能だ）。

そして、紙面のダイジェストは「みんなで合意しているターゲットの値以下にならなければならない」というルールを設ける。ダイジェストも数なので、大小の比較が可能なのだ。なかなか当たらない「くじ引き」になるように、ターゲットは小さめに設定しておく。

すると、紙面を作りたい人は、載せたい記事を全部載せた後に、余白に「はみ出しコーナー」みたいなものを設けて、適当な内容を書き込んでは紙面のダイジェストを計算し、また上書きして別の内容を書き込んではダイジェストを計算するということを、ターゲット以下のダイジェストが得られるまで繰り返すことになる。

これを「くじ引き」だということにすれば、「はみ出しコーナー」に書かれた内容を含めた紙面全体が、言わばくじが当たった証拠になる。同じ紙面を見ているなら、誰が計算してもダイジェストがターゲット以下になるという事実は変わらないし、実際にターゲット以下のダイジェストになる紙面でなければ、誰もくじに当たったと認めないようにできるからだ。

さて、この紙面のダイジェストは、紙面の内容を変えてからもう一度計算すると、まったく違う数になるので、紙面が改ざんされてないかどうかを確認するのにも使える。改ざんといっても、1つ1つの記事はデジタル署名されているので中身を変えられない。ここでの改ざんとは、記事を消去したり、反対につけ足したりすることだ。もし、アリスが「10円をボブに送った（もちろん、ビットコインの単位は円ではないが、考えやすいモデルとして引き続き円としてみた）」という自分の署名つき記事を削除したら、彼女は同じコインをキャロルに送ることが可能になる。結果として、10円のコインを不正に20円分として使えることになるので、この種の改ざんだとしても問題になる。ただし、改ざんがあったかどうかを確認するためには、元のダイジェストとの比較ができなければならないので、正しい紙面のダイジェストをどこかに保存しておく必要がある。

そこで、その紙面の次のページの紙面にダイジェストを載せるというルールにする（図1・

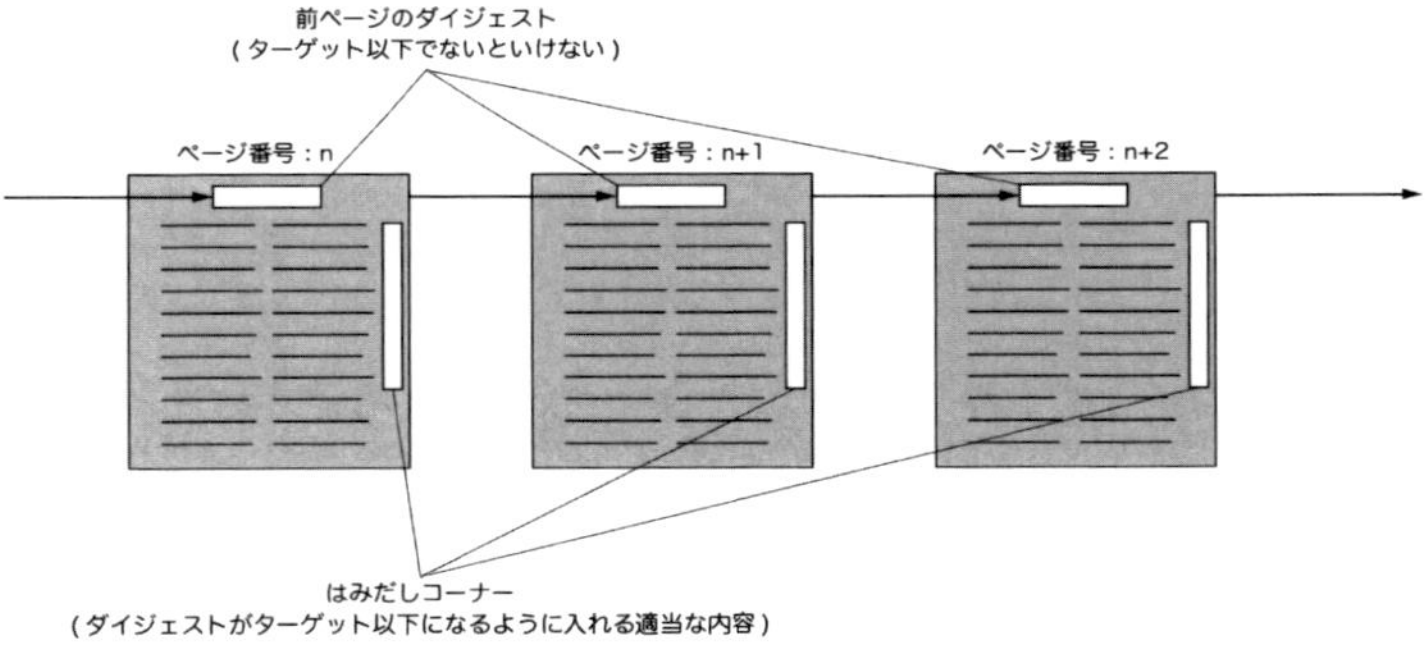

- ページの内容を書き換えると、ダイジェストが変わってしまう。
- したがって、はみ出しコーナーの内容を変えながらダイジェストを再計算するという「くじ引き」を同じだけやっていかなければ、改ざんはできない。

図1.1　新聞モデル——存在の証明（［参考文献21］を参考に筆者作成）

1）。各ページには、直前のページのダイジェストが載っているわけだ。こうしておくと、古いページを相手にしようとすればするほど、改ざんがかなり難しくなる。なぜなら、次のようになるからだ。

①　紙面を書き換えると、そのページの新しいダイジェストはたぶんターゲットより大きいので、また「はみ出しコーナー」の内容を何度も書き換えながらダイジェストの計算をし直すという、くじ引きをもう一度しなければならなくなる。

②　そして、くじに当たったら、その次のページに載っているダイジェストを新しいダイジェストで置き換えなければならない。

③　それは紙面の書き換えにあたるので、次のページについて①に戻る。

こうしてできあがる紙面の連鎖を「ハッシュチェーン」と呼ぶ。「ハッシュ」というのは、ダイジェストを実際にコンピューターを使って計算するときは、「暗号学的ハッシュ関数」というものを使うからだ。そして、「チェーン」は単に「連鎖」を意味する。より正確には、くじ引きの作業を行った証拠を残していくので、「作業証明（proof of work）つきハッシュチェーン」とでも呼ぶべきだろう。こうした構造をもつことにより、過去の記事を消したり、過去に遡って記事を追加したりすることが困難になり、記事の存在や不在はいつでも証明できることになる。

ここまで来ると、かなり実際のビットコインブロックチェーンの動作に近づいているのだが、実は、まだもう1つやらなければならないことがある。

それは、このくじ引きでは、別々の人たちが偶然ほぼ同時にくじを当てる場合があり得るという可能性への対処だ。全員がそれぞれ当たりくじの入った箱をもっているのだから、当然、そのことを考えておく必要がある。

別々の人たちが、同じページに続く、内容が異なる新しいページを作って、ネットワークにそれぞれの紙面をほぼ同時に流す場合があるわけだ。すると、ネットワークのどこにいるかによって、どちらの紙面を先に受け取るかが違ってくる。多くの人は、先に受け取った紙面のほうが正しいと思うだろう。そして、人々はそれぞれが正しいと思う紙面につなげて新しいページを作ろうとするので、結果的にそこから別々のページ列が延びていくことになる。

複数の異なるページ列が延びてしまうと、それぞれのページ列に閉じた歴史の中では矛盾がなくても、例えば、同じコインがこちらの列ではボブに、あちらの列ではキャロルに、といった具合に別々の相手に送られて、事実上の二重消費がまんまと行われてしまっているかもしれない。

なので、少なくともいずれは、ページ列は一本にまとまらなければならないのだが、どういうルールでまとめればよいだろうか。ビットコインで行われている方法は、ページ列が長く続いたほうを選ぶということである（図1・2）。

より正確には、「くじ」がたくさん引かれたほうの列を選ぶ。といっても、実際にくじが引かれた回数を誰かが数えているわけではない。ターゲットが小さく、当てにくい「くじ」を当ててきたほうを選ぶのである。どの歴史（ページ列）も、その歴史を刻むのに費やしたのと同じだけ当てにくいくじ引きにトライしていかなければ改ざんはできない。ページ列が長い、くじがたくさん引かれたほうの列を選ぶということは、より覆すのが困難なほうの歴史を選んでいるということなのだから、よりセキュアな仕組みを指向する設計としては整合的である。

以上が、「新聞モデル」を使ったビットコインブロックチェーンの動作の概要なのだが、以降は多くの場面でブロックチェーンの用語をそのまま用いるので、「新聞モデル」が理解の助けになった読者は、表1・1のように、用語をモデルの言葉で置き換えながら読んでいただ

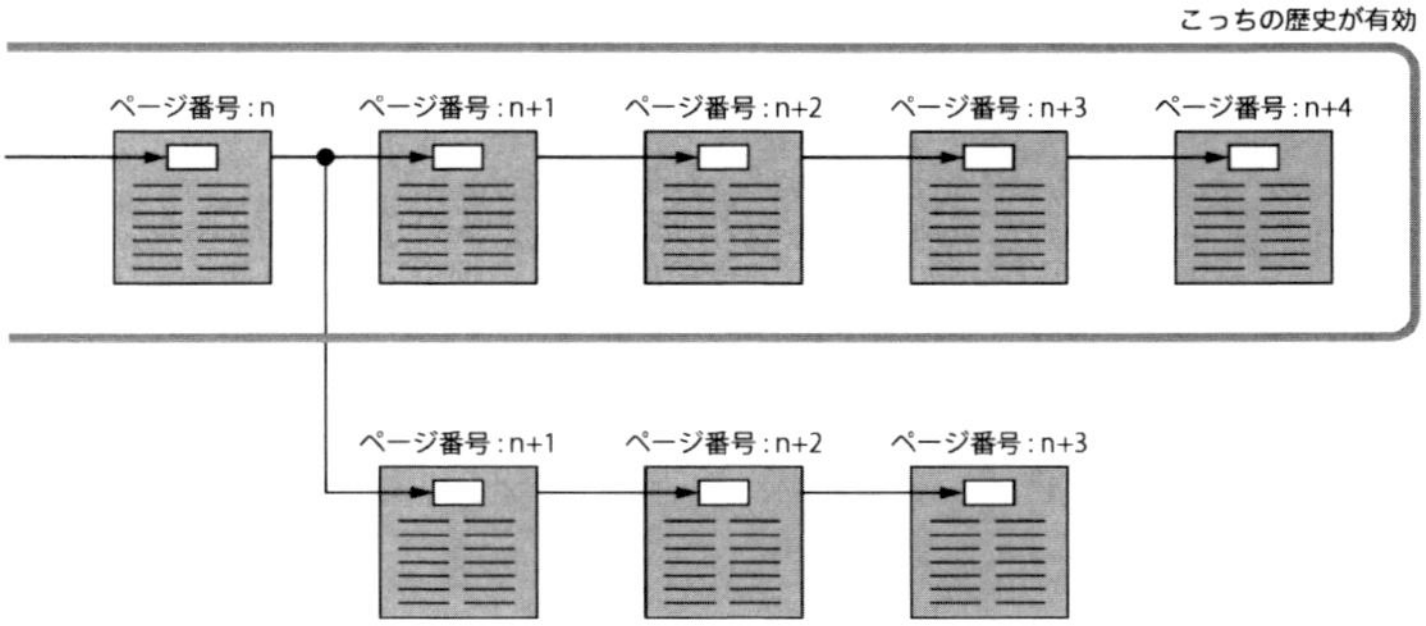

- **累積でもっとも多く「くじが引かれた」であろうページ列が正しい歴史（正史）と認められる。**

- **現在の正史を作ってきた人々全体の力を合わせたよりも速く「くじ引き」ができる能力をもつ誰かが現れて、別のページ列を作っていくと、現在の正史が追い抜かれ、新たな正史が作られてしまう可能性はある。**

図1.2　新聞モデル——唯一性の合意（［参考文献21］を参考に筆者作成）

表1.1　「ブロックチェーン」と「新聞モデル」との用語の整理（筆者作成）

ブロックチェーンでの用語	→	新聞モデルでの用語
取引／トランザクション	→	（署名付き）記事
ブロック	→	紙面／ページ
ユーザー	→	記事を書く人／記者
マイナー	→	紙面を構成する人／編集者
マイニング	→	くじ引き
ノンス	→	はみ出しコーナー
ハッシュ値	→	ダイジェスト

ければ幸いである。

参加のインセンティブ

「新聞モデル」では、1つ、説明をしていなかったことがある。それは、なぜ人々がこのネットワークに参加したがるかという動機のことだ。

参加することで「もっているお金を使うことを誰にも止めさせない」仕組みの一部となり、自分もその仕組みを使えるし、同じ目的を実現したい人々のために貢献できることになる。しかし、それだけでは参加の十分な理由にはならないかもしれない。ブロックのダイジェストを何度も計算する「くじ引き」に参加するのにも、コンピューターを使って計算をするのだから電気代がかかり、コストがかさむからだ。一方で、多くの人々が参加しなければ、群衆で1つのシステムを維持するというこの仕組みそのものが成り立たなくなる。

そこで、ビットコインでは、自分が作るブロックの先頭に格納する取引として、「何もないところから自分宛にコインを送る」というものを勝手に作ってよいことになっている。2017年12月現在、送ってよい量は12・5BTC（BTCはビットコインの単位）に加え、自分が集めてブロックに格納した取引それぞれで指定されている「手数料」をつけ足したものとなる。手数料はユーザー（のソフトウェアエージェント）が決められ、相場では送られる金額ではなくデータの大きさによるのだが、典型的には取引1つ当たり0・0001BTCになっている（最近はブロックが混み合っていて、多めの水準でないとブロックに組み込まれないこともある）。一方、12・5BTCというのは、ブロックを作った「編集料」とでも言えるもので、ネットワークに流れてくる取引を逐一検証し、過去の取引に照らして矛盾のないものだけを集めるという、ビットコインがシステムとして正しく動作することを保証するために費やした労働の「報酬」と考えることができる。実は、この「報酬」以外の方法でビットコインが新たに生み出されることはない。貨幣の生成と、人々がその仕組みを維持するための動機づけを合致させているのが、ブロックチェーンによる通貨システムの特徴だと言える。

また、他人が作ったブロックにはその他人向けの「報酬」が記録されているわけだが、もし間違った内容がそのブロックに含まれているのを見逃すと、本来は自分が「くじ」に当たって得られていたかもしれない「報酬」を得る機会を損失することになる。そのため、この「報酬」の機構により、人々は、自分が作るブロックの内容だけでなく、他人が作ったブロックに格納されている取引についても逐一検証することになる。そのうえで、正しいと確信できるブロックにのみ、その次に続くブロック列を作っていくことになる。ブロックチェーンにおいて、列をつなげていくことがしばしば「承認」と呼ばれる所以である。

この「報酬」は、２００９年1月にシステムが始まった当初は50ＢＴＣに設定されていたが、21万ブロックが追加されるたび（後述する理由により約4年ごと）に半分になることがルールで決まっている。今は、当初と比較してＢＴＣの額面では4分の1になっているものの、この原稿を書いている現在、12・5ＢＴＣは日本円でだいたい１２５０～２２００万円ほどの間で推移しており、結構な金額だと言える。

人々は、それだけの金額の報酬を得る可能性に賭けて、このネットワークに群がることになる。そして、すばやく「くじ」を引けたほうが有利なので、そのためのハードウェアへの投資が進む。みんながそうした投資をするとすれば、当たりくじが見つかるテンポが早くなってしまいそうだが、ビットコインでは、常に平均で10分間に1回の割合でブロックが作られることを目指す調整が行われており、２０１６ブロックが作られるごとに、そのためにかかった（とされる【注01】）時間にもとづいて、参加する全員が一致する方法でターゲットを上下させている。その結果、報酬が半減する21万ブロックが作られるまでには、およそ4年間かかることになる。また、ターゲットを調整する間隔は、約2週間となる。

ハッシュレートのコストとビットコインの価格

2017年現在は、ビットコインのネットワーク全体で毎秒当たり千数百京回ものダイジェストの計算が行われている。その中である程度の割合を占めなければ意味のある時間内に「当たり」を出せないとすれば、「くじ引き」のハードウェアに投資できる資金力をもち合わせていない人たちは、いずれにせよ、はなからこのゲームには参加できないことになる。かくして現状では、ビットコインのシステムへの参加者は2種類に分かれることになる。「くじ引き」に参加できる「マイナー（採掘者）」たちと、参加できない一般ユーザーたちである。

ビットコインの元々の問いは「自分がもっているお金を使うことを誰にも止めさせないためには?」だと考えられるわけだが、参加者がこのように分断されると、一般ユーザーにとっては、自分がもっているお金を使えるかどうかの判断をマイナーに委ねることになり、そもその設計の意図とは離れてしまう状態になる（そして実際に、2016年、事実上の預金封鎖のような事件がブロックチェーンによる通貨システム上で起きてしまった。そのことについては後ほど第4章で詳しく述べる）。

また、マイナーたちによる「くじ引き」はブロックチェーンの用語では「マイニング」と呼ばれるが、「マイニング」や「マイナー」といった用語は、全体を金《きん》の採掘になぞらえて、人々にそうした印象を与えるように選ばれた、むしろマーケティング用語であることは言うまでもない。マイニングは確率的な過程なのだから、本質は「くじ引き」であり、マイナーは「くじ引きに参加する人」である。

ここで、この「マイニング」ないし「くじ引き」の経済について考えてみよう（興味のある読者は、詳しくは、早稲田大学の岩村充教授らと私が共著した論文［参考文献10］を参照されたい）。

まず、「ハッシュレート」という言葉を定義する。これは、1秒間に何回のダイジェストの計算が行われるかを示すもので、マイニングのためのハードウェアの性能を測る指標の1つでもある。ビットコインネットワーク全体のハッシュレートは、自由参加のネットワークであるため、直接知ることはできないが、現在のターゲットと実際の平均ブロック間隔（次のブロックが生成されるまでの平均時間）により見積もることができる。前述のとおり、それは現状で千数百京回／秒である。

（潜在的な）マイナーの立場から見ると、十分な収益が上げられる限りにおいて、マイニングを行うハードウェアに投資し、電力を投入したほうがよい。全体のハッシュレートと現在のビットコインの価格を参照することで、自分が追加できるハッシュレートによる「報酬」の期待値が定まる。それが投入するコストよりも大きければ、マイナーは実際にコストをかけるし、同じように考えて新たに参入するマイナーたちも増える。しかし、競争相手が増えることにより、期待値はより小さくなる。逆に、投入しているコストより期待値が小さいのであれば、マイナーはいずれ撤退する。すると、競争相手が減ることにより期待値はより大きくなる。

そうすると、長期的に見て、投入されているハッシュレートのコスト（主として電力のコスト）とビットコインの価格とは釣り合うようになる。このことについて、一部の論者により、全体のハッシュレートとビットコインの価格とが比例し、そこに前者が後者の要因となるような因果関係があるかのように説明がなされることがあるが、上記のような理屈であるので、全体のハッシュレートを増やせばビットコインが値上がりするわけではない。値上がりが既定路線であるかのように印象づけると買いたい人が増え、供給に対して需要が大きくなることにより、実際に値上がりしてしまうわけだが、自分の利得を大きくするために値上がりを望んでいる可能性がある人々の言説には注意が必要だ。値が上がるという期待のみによって値が上がっていくなら、それはバブルだ。

むしろ、何かのきっかけで、ビットコインが値下がりする傾向がある程度持続すると、それが全体のハッシュレートの低下を呼び込み、平均ブロック間隔の間延びや改ざん耐性のセキュリティのレベルが下がって、それがさらなる値下がりを呼び込むという負のスパイラルの発生が懸念される。

「証明」に関わる2つの基礎技術──暗号学的ハッシュ関数

次に、これまで説明に使ってきた「新聞モデル」の中に出てきた概念をもうちょっと詳しく見てみよう。まずは「ダイジェスト」だ。

実際にコンピューターシステムでダイジェストを計算するには、「暗号学的ハッシュ関数」というものを使う。これにはいろんな種類があるが、関数なので入力と出力がある。ある入力データからは、何度同じ関数を通しても、必ず決まった出力の値が得られる。

入力は何でもよく、出力は固定ビット長、すなわち、2進数で書いた場合に0や1を決まった桁数だけ並べたものになる。といっても、160ビット（2進数で160桁）とか、25

6ビット（2進数で256桁）なので、私たちが普段扱っているよりもはるかに巨大な数を表すことができる。私たちがコンピューターで通常扱っているのは、たかだか2進数で64桁くらいの数である。

巨大といっても、どれくらいだろうか。16ビットで約6万6000、32ビットで約40億までの数を表せるのだが、簡単な試算の方法としては、10ビット増えるたびに1000倍だと思えばよい（実際には1024倍）。32ビットの場合、1000×1000×1000、すなわち10億で、2ビット余るので2×2で4を掛け、40億となる。あるビット長で表せる数は、そんなふうに概算できる。すると、160ビット、256ビットというのは、1000を16回とか、25回とか掛け合わせた数になるので、単位がわからなかったり、そもそも存在しないくらい巨大な数になったりする。

暗号学的ハッシュ関数により得られる値のことを、本書では「メッセージダイジェスト」ないし、今後も「ダイジェスト」と呼ぶことにする。

ブロックチェーンについて人々が話しているときによく聞く言葉は「ハッシュ値」だと思うが、「暗号学的ハッシュ関数」でないものも含むあらゆる「ハッシュ関数」の出力が「ハッシュ値」と呼ばれる。例えば、「10で割った余り」という超簡単なハッシュ関数の出力もハッシュ値である。こんな簡単なものでも、あらゆる数を0～9の10進数1桁の数に変換できるので、用途によっては立派に役に立つ。もちろん、この場合、どんな数を入力すれば、例えばハッシュ値として「2」を得られるかはわかりきっているので、ブロックチェーンのようなものには使えない（意味のある「くじ引き」にならない）。

また、「ハッシュ値」という言葉は、元のデータを切り刻んでいるということしか言っていない。これもテレビを「ブラウン管」と呼ぶ例に似ており、方式のことを言っていて、どんな意味を持つものかについては何も語っていない。「ダイジェスト」という言葉であれば、元のデータを他のデータから区別するための何らかの特徴を示しているということがわかる。

さて、暗号学的ハッシュ関数の出力であるダイジェストは、入力に対してランダムに一様に分布するように作られている。それは、例えば「5322」【注02】と「5222」【注03】のようにとてもよく似た2つの入力があったとしても、出力のほうはまったく違う数になるということを示している（一方、先の「10で割った余り」であれば、どちらも「2」だ）。

例えば、暗号学的ハッシュ関数としてよく知られている「SHA-256」（SHAはSecure Hash Algorithmの略で、日本語では「シャー」と発音される）を用いる場合、「5322」に対して適用してみると、

44735AF7202CD534E650899EB3966D5DFC936C93EE4587A58782E928021259FD

となる。数字に加えて「Ａ～Ｆ」の記号が混じっているのは、これが16進数で書かれているからだ。16進数では1桁が4ビットに当たり、64桁あるので、２５６ビットであることがわかる。同じ関数を「５２２２」に対して適用してみると、

805C94A358C1D459721EF187FF53E0F4BE05EE597948FFE5B6A328269926 0B87

となって、ことごとく異なることがわかる。この場合、文字列としての「５３２２」と「５２２２」に適用しているので、文字コードで見ると、元のデータは実際に1文字どころか１ビットしか違っていない。

ちなみに、ビットコインではご丁寧にもこの「ＳＨＡ-２５６」を二重に、すなわち、１回「ＳＨＡ-２５６」を適用して得られたダイジェストにもう1回「ＳＨＡ-２５６」を適用した値を用いている（そのほうがよりセキュアになるという理屈はわからなくもないが、暗号技術の専門家によれば、さほどの意味はないと考えられている）。

このように、入力がちょっとでも違うと出力が大きく違ってくるのだが、ただし、入力の方は何でもよいのだから言わば無限の集合であるのに対して、出力のほうは桁数が決まっているのだから巨大ではあっても有限の集合となる。なので、必ず、同じダイジェストになる別々の入力がある。異なる入力なのにダイジェストが同じになってしまうことを「衝突」と呼ぶ。

暗号学的ハッシュ関数の出力が本当に一様だとしたら、どのくらいの確率で衝突が起きるのだろうか。

いきなり何を言い出すのかと思うかもしれないが、観測可能な宇宙の直径は、一説には8・8×10の23乗キロメートルである。1キロメートルは10の6乗ミリメートルだが、なぜわざわざミリメートル換算にする必要があるのかという当然の疑問はさておき、だいたい10の23＋6乗ミリメートルの規模となる。一方、160ビットのダイジェストを考えるとすると、1000、すなわち10の3乗を、16回掛け合わせるというように概算できるのだから、最大値はおおよそ10の16×3乗となる。

宇宙が10の29乗ミリメートルなのに対して、160ビットのダイジェストは10の48乗。ということは、衝突の可能性は、宇宙を横断する直線の上に、例えば1ミリメートルずつ点を打っていって、デタラメに指した2つの点が一致する確率よりも、もっとずっと低いことになる。

驚異的な低確率だが、ただし、本当に確率だけで議論ができるかどうかには注意が必要だ。暗号学的ハッシュ関数の1つであるSHA-1（160ビットのダイジェストを出力）が実際に破られ、衝突する2つのデータを見つけられたというニュースは記憶に新しい（2017年2月）。理論的な確率で求められるよりもかなり少ない試行（理論上10の24乗回程度に対して、8×10の18乗回程度）で発見できたとのことだが、みなさんがこの本を手にしている頃には攻撃用のコードが公開されているはずであり、そうした脆弱性が発見される可能性はいつでもある。

また、それ以前に、そもそも、元のデータが同じなら必ず同じダイジェストになるのだから、元のデータが重ならない工夫がまず必要である。そういう工夫をしたうえで暗号学的ハッシュ関数を利用すると、どんな役に立つのだろうか。読者のみなさんは、すでにビットコインのブロックチェーンの動作を「新聞モデル」で捉える際に、メッセージダイジェストが何の役に立つかを見てきたわけだが、ここでもう一度改めて見てみよう。

●メッセージダイジェストの応用（1）――改ざんの検出

「大相撲ダイジェスト」というテレビ番組を観たことがある人は、この本の読者の中では少数派かもしれないが、あれは、取り組みを全部観なくても結果だけがわかる便利な番組だった。同じように、メッセージダイジェストを使うと、巨大なデータが改ざんされているかどうかを、元のデータを保管して最初から最後まで全部比較してみなくても、ダイジェストの比較をするだけで済む。違っていたら、改ざんされている。同じだったら、衝突が起きていない限り、改ざんされていないと言えるのである。

ビットコインブロックチェーンでも、これまで見てきたとおり、各ブロックには直前のブロックのダイジェストが埋め込まれていることにより、改ざんの検出が可能になっている。

●メッセージダイジェストの応用（2）――識別子

衝突の可能性が低いということは、ほとんどユニーク（重ならない）ということになる。そのため、メッセージダイジェストをデータやアカウントの識別子（名前や宛名）として用いることも行われる。

ビットコインブロックチェーンでも、それぞれの取引やブロックの識別子としてダイジェストが用いられているし、送金の宛先も、基本的には宛てられた人の公開鍵（後述）のダイジェストで指定することになっている（「17SuM6aSCqNhBtdbVG1Ydx7abd6tDDRS4y」といったビットコインアドレスは、公開鍵のダイジェストの値にもとづく文字列表現である）。

●メッセージダイジェストの応用（3）——作業証明（proof of work）

結果を推測できないことにより、「あるターゲット以下となるメッセージダイジェストを得られるようにデータを構成せよ」という問題は、データを少し変えてはダイジェストの計算を繰り返すというように、総当たりで解くしかなく、「くじ引き」のような作業が強いられる。一方、くじに当たったかどうかは、1回だけダイジェストを計算すれば確認できる。この非対称性を用いて、計算リソースを投入した証拠を確認し、初めてサービスを提供したり、処理を先に進めるのを許可したりすることで、スパムやサービス妨害攻撃などの不正行為を抑止できる。

ビットコインブロックチェーンでも、この作業証明をブロックの作成者であるマイナーたちに課すことにより、改ざんを困難にしている。また、ブロック列が分岐してしまう可能性への対処として、作業証明のコストを参照し、もっとも改ざんが困難な歴史を正史として採用するという合意のアルゴリズムが組み込まれている。

「証明」に関わる2つの基礎技術――デジタル署名

新聞モデルの中に登場した、もう1つの基本的な概念は「署名」である。これには「デジタル署名」という技術が使われる。デジタル署名は「公開鍵暗号系」の応用である。公開鍵暗号系では、ユーザーは公開してよい鍵である「公開鍵」と、秘密に隠しもっていなければならない「秘密鍵」からなる「鍵ペア」をもつ。鍵ペアは、1人が何ペアでももっていてよい。

モデルとして簡易に説明するなら、デジタル署名では、例えば秘密鍵で暗号化したものはペアとなる公開鍵でしか復号できない、というような関係を使う（あくまで例であり、後述するようにブロックチェーンで現在一般に用いられている方法とは異なる）。

その場合のデジタル署名のやり方はこうだ。署名の対象となるデータについて、まずダイジェストを計算する。そして、計算されたダイジェストを秘密鍵で暗号化する。そうやって得られたデータを「署名」とする。そして、元となるデータと署名の両方を、公開鍵をもっている相手に送る。

署名を検証したいほうは、送られてきた、元となるデータから、同じ暗号学的ハッシュ関数を用いてダイジェスト（1）を計算する。それから、署名を公開鍵で復号して、ダイジェスト（2）を得る。ダイジェスト（1）とダイジェスト（2）とを比較して、一致しているならば、衝突が起きていない限り、データは改ざんされておらず、また、秘密鍵をもっている本人が署名をしたということがわかる（図1・3）。

以上の説明は、簡単に説明できるので例として用いたが、RSA【注04】という、初期に発明された公開鍵暗号方式での方法であり、私たちが現在広く使っている方法では、実際に暗号化や復号を行っているわけではない。

一般に、デジタル署名とは、元のデータと秘密鍵からある演算をして署名データを得て、元のデータと署名データと公開鍵から別の演算をすると、イエス（成功）かノー（失敗）かが返る、というものである。だが、署名を作るのに何が必要で（「元のデータ」と「秘密鍵」）、その得られた署名を検証するのに何が必要か（「元のデータ」と「署名データ」と「公開鍵」）、というのはどの署名アルゴリズムでも同じで、その観点からは、先のRSAでの方法はわかりやすく、理解の役に立つ。

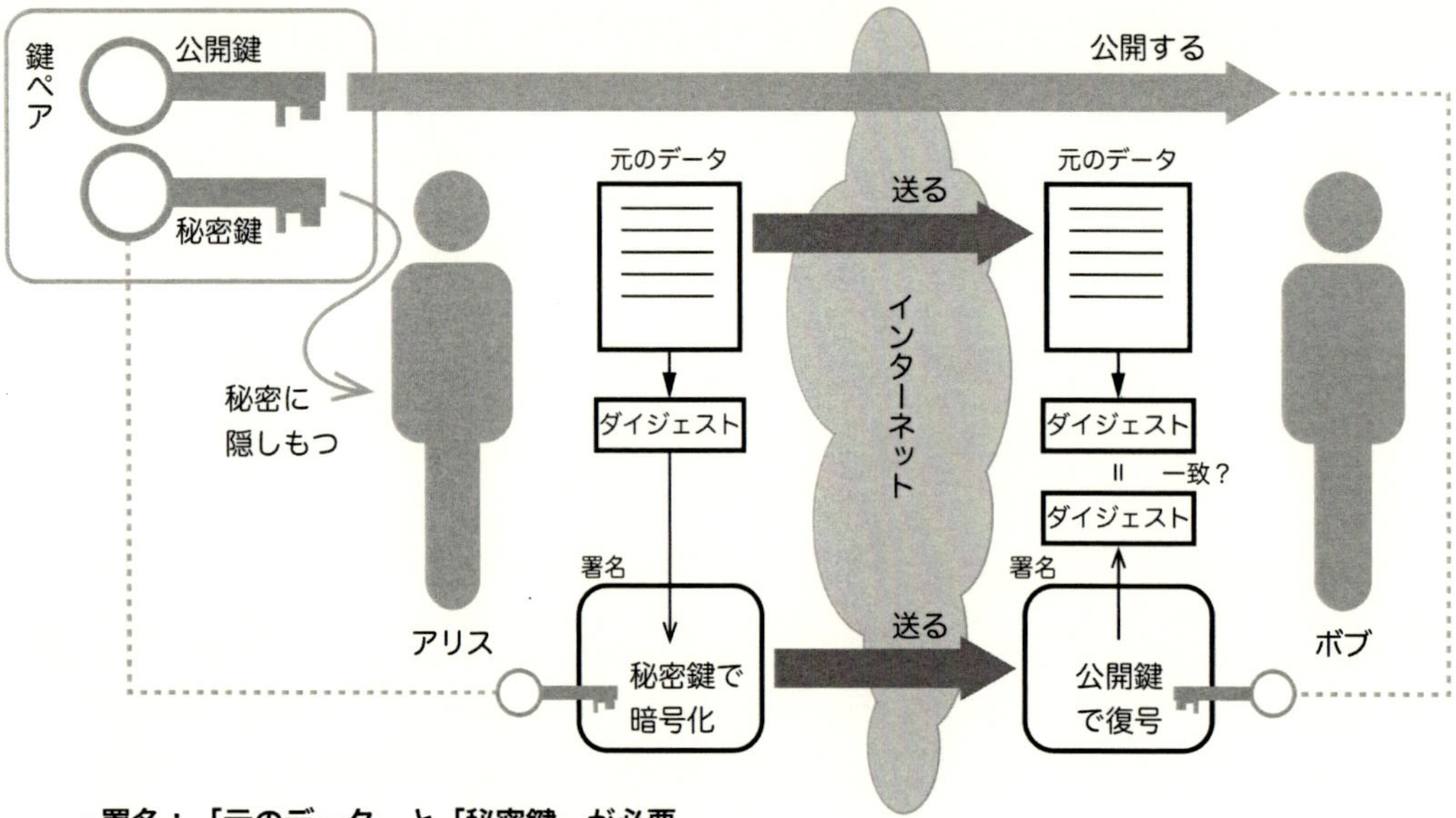

・署名：「元のデータ」と「秘密鍵」が必要。
・検証：「元のデータ」と「署名データ」と「公開鍵」が必要。

図1.3　デジタル署名（RSA方式）（筆者作成）

デジタル署名を実際に利用するために最近よく使われているのは「楕円曲線暗号」である。この方式はビットコインでも使われている。

楕円曲線暗号には、同じ強度の暗号を得るために、RSAなど他の方式と比較して鍵のビット長が短くて済むという特徴がある。また、秘密鍵を知っていれば、公開鍵を計算で求めることができる（逆はもちろんできない）。

ブロックチェーンの構成要素

さて、ブロックチェーンが目的としているのは、「空中に約束が固定される」ことだと言えるのだが、それには次の3つのことができなければならない。

①「約束」の内容が誰によっても否定できない――正当性の保証

・正当な権限をもつ者による正しい「約束」しかできないし、その内容を不正に変更できない。

②「約束」の存在が誰によっても否定できない――存在の証明

・すなわち「約束」は消せないし、いつからそこにあるかも証明できる。

③ 矛盾する2つの「約束」は存在しない――唯一性の合意

・矛盾する2つの「約束」が現れたとき、どちらが正しいかが一意に決まる。

それぞれ、少し詳しく見ていこう。

●「正当性の保証」のための構造

「正当性の保証」は、取引が過去の取引記録に照らして矛盾していないということを保証するための仕組みである。また、内容が提示されたとき、本人に否認ができない必要がある。そのために、デジタル署名が利用される。

前述したとおり、お金とは、本質的に「次の相手にもお金として使えるという約束」である。だとすれば、誰が誰に対して約束しているのかが問題となり、それを正しく表現できる構造が必要とされる。ビットコインのような、デジタル通貨への応用以外にも同様のことが言え、誰がそのデータを使えるのか、誰がデータを更新できるのか、誰が契約を自動的に実行できるのか、といったことが表現できる必要がある。

ビットコインでは、コインを公開鍵のダイジェストに宛てて送る。送られた相手がコインを他の誰かに送るとき、デジタル署名によって送られた本人だということを証明する。デジタル署名の大前提は、秘密鍵をもっているということだが、作られた署名を検証するためには、取引のデータと署名のデータに加えて、公開鍵が必要となる。そのため、署名と公開鍵はセットで指定する。そして、その指定された公開鍵についてダイジェストを計算したら、宛先と一致するか、ということを検証する。

こうすることで、まったく関係のない第三者であるマイナーがデジタル署名を検証できることになる。通常、デジタル署名を検証するためには、検証のために用いる公開鍵が真正のものであることを公開鍵証明書を用いて証明することになる。私たちがウェブで買い物をするときなどは、こうした証明書のお世話になっている。

ビットコインでの方法は、公開鍵証明書などなくても署名の検証を形式的に間違いなく行うことができることを示したという点で、画期的である。

●「存在の証明」のための方法

「存在の証明」は、取引が存在したということを否定できないようにする仕組みである。そのために、取引を他のイベントとの前後関係の中に位置づけることになるが、これは言うまでもなく「タイムスタンプ」という概念と関係が深い。

ビットコインでは、作業証明つきのハッシュチェーンを用いることでこのことを実現する。ハッシュチェーンでは、ブロックには直前のブロックのダイジェストが格納されている。当たり前の話をするようだが、直前のブロックのダイジェストを計算するためには、そのブロックはすでに存在していなければならない。そして計算されたダイジェストが、現在作ろうとしているブロックの中に格納されることになる。これは、ハッシュチェーンで前後となるブロックには、明確に論理的な意味で時間の前後関係があることを示している（一方、ブロックに記録されているタイムスタンプ自体は信用できない）。また、作業証明つきであることで、同じだけのコストをかけて「くじ引き」をしなければならないので、簡単には覆せず、事実上、取引を消すことはできなくなっている。

●「唯一性の合意」のための仕組み

以上のことを分散システムで実現しようとすると、視点により、歴史が異なって見える場合があり得る。そもそも、「中央」ではなく「端っこ」が、「約束」に対する完全なコントロールをもつためにやっているのだから、分散システムで実現するのは必須事項である。

そこでは、参加者の間で、ただ1つの歴史に合意するということが必要かもしれない。「必要かもしれない」というのは、これはなくてもよい場合があるからだ。空中に固定したいのが、物理的な資産や貨幣のようなものなら必要だが、イラストレーションのフリー素材のように、同時に複数の人へと渡っても矛盾とみなされないような状況なら不要かもしれない。

ビットコインでは、この「唯一性の合意」は必要とされる。仕組みとしては、「くじ引き」のコストを参照して、それがもっとも大きくなる歴史を正史とみなす、というルールで運用することになっている。このコンセンサスの仕組みを「ナカモト・コンセンサス」と呼ぶ。

実際にこれで厳密な意味で合意が達成できているかどうかについては議論があり、第3章にて詳細に見ていく。

「ルールの記述」とスマートコントラクト

これまでのことが達成できると、あたかも空中に「約束」が固定できるようになる。そこで、どんな約束が書けるかというルールを決める部分が必要になる。

ビットコインの場合は、ビットコインの送金のルールになるが、約束の中身の検証と深く関わることになるので、この「ルールの記述」は、どんなブロックチェーン的なシステムにおいても「正当性の保証」と呼応することになる。

ブロックチェーンや、分散レッジャー（分散台帳）と呼ばれるシステムにおけるルール記述は、現在では「スマートコントラクト」という概念に一般化されている。しかし、その言葉が暗示するようには、現状では、何でもできるわけではない。

狭い意味では、現状のスマートコントラクトでは、「デジタルで表現された資産をあらかじめ定められたルールに従って自動的に移転する」ということしかできない。ただ、契約には通常、対価についての取り決めが伴うと思えば、これだけでも契約の自動化にとっては前進と言える。

スマートコントラクトは、まさに空中に固定された「約束」のことなのだが、イメージとしては、空中に浮かんだスプレッドシート、すなわちエクセルの表のようなものだと思ってもよいだろう。それぞれのセルを書き換えられるのは誰であるかが決まっている。そして、実際に書き換えると、マクロに従って他のセルが自動的に書き換わる。そんなふうに動くものを作れる。1行が1つの「約束」だとすると、他の行の「約束」に影響を及ぼすようにも作れる。

というわけで、現在、広くソフトウェアの設計に用いられている「オブジェクト指向」の源流についての知識がある人にとっては、自律オブジェクトがメッセージを交換しながら目的を満たす、「アクターモデル」で考えるのがよさそうだ。

それはすなわち、空中に固定された、互いにコミュニケートできる「約束」、すなわち、Communicating Promises in the Air、略してＣＰＡということになる。

誰もまだそんな言葉を使っている人はいないと思うが、冒頭のショートSFでエチカが語っていたのがこれである。

この章のまとめ

ブロックチェーンには期待も多いが、誤解も多い。

この章では、技術を出発点にして、ブロックチェーンを理解するための１つの見方を示した。その大事な点を抜き出すと、以下のようになる。

・ブロックチェーンはビットコインを実現するために発明された。
・ビットコインの問いは「自分がもっているお金を自分が好きに送金することを誰にも止めさせないためには?」というものだったと考えられる。
――すなわち、ブロックチェーンはデジタルな資産に対して、中央ではなくエンド(端っこ)が完全なコントロールをもつことを目指して作られている。
・その解として「契約としてのコインを新聞に載せる」、そして新聞社に掲載を止めさせないために「みんなで新聞を作る」というのがブロックチェーンの発想となる。
――「契約としてのコイン」=宛先本人であることをデジタル署名で証明できれば次の宛先に送金できる。

――ブロックチェーンは、権限を包含したデータ構造(=約束を含む記録)を、共有される空中にあたかも固定するかのように動作する。

――「空中に固定する」=共有物にして、誰から見ても同じく見えて、誰かの意思では消せないようにする。
・それによって、「記録の内容も、その存在も、誰にも否定できないように保存・維持する」ことと、「その確かさを誰でも確認できる」ことを可能にする。

ブロックチェーンや類似する技術は、総称として「分散台帳」あるいは「分散レッジャー」と呼ばれることもあるが、本質は「みんなで作る新聞」であり、「分散公告」とでも呼べるものである。それは、エンド（端っこ）が完全なコントロールをもつ公告であり、公に証明が必要とされる場面に広く応用が期待できる。「公」といっても、国内とか、地球規模とか、異なる規模感があるだろう。技術の観点だけから言えば、規模の大小にかかわらず、「複数のステークホルダーが関わる」場面であれば意味が出てくると考えられる。

ブロックチェーンや分散レッジャーについての応用に関する話題は、第4章に続く。

その前に、次章では過去をふり返ってみよう。

【注01】それぞれのブロックには作成時刻（タイムスタンプ）が刻まれているのだが、参加者が勝手に記録しているので、正しい時刻であるとは限らない。
【注02】慶應義塾大学湘南藤沢キャンパスの住所の番地。
【注03】チャットの通信規約の例であるXMPP（eXtensible Messaging and Presence Protocol）の標準のポート番号。
【注04】1977年に、ロナルド・リベスト（Rivest）、アディ・シャミア（Shamir）、レオナルド・エーデルマン（Adleman）によって発明され、これら3者の頭文字をとってRSAと呼ばれる。

第2章 「信用」の歴史——口約束から契約へ、契約からコードへ

心の理論

現在のブロックチェーン技術によってそれを支えることができるかどうかは別として、誰でも空中に「約束」が固定できる世界が到来すると、世界はどう変わるのだろうか。

そのことを考えるためには、これまで世界が「約束」の結び方の変遷に沿ってどう変わってきたのかを確かめておく必要がある。そこで、この章では「約束」や「信用」に関わる人類のこれまでの歴史をふり返りたい。

まずは、「そこまで遡るのか」と思うかもしれないが、約束や信用の大前提となる「心」の起源である。心の起源を解き明かすうえで有力な考え方の1つに、「心は、相手の心を読み解くために発達した」という仮説がある。心理学者ニコラス・ハンフリーによる1986年の著書『内なる目』［参考文献9］では、「意識は他者の心の中を類推する社会的・心理的な器官として発達した」という仮説が展開されている。

他人が何を知っているのか、何を考えているのか、どういう推測をしているのかといったように、他者の心の状態を推測する心の機能を「心の理論」と呼ぶ。「理論」は「セオリー（theory）」の訳語だが、実際には英語で言う「セオリー」は、「理論」よりも、もっと軽めの意味で使われることが多い。「心の理論（theory of mind）」というのは、自分がもっている、他者の心の働きを説明する理屈、といった程度の意味だと思ってよいだろう。

人類は「集団的にフィクションを信じる力」をもったために文明を発達させた、という説を展開し、大ベストセラーとなった、歴史学者ユヴァル・ノア・ハラリによる2015年の著作『サピエンス全史』［参考文献8］においても、「言語はゴシップのために発達した」という仮説が紹介されている。誰が信頼でき、誰がそうではないのか、といったことをコミュニケートするために、そもそも言葉は生まれ、発達したというのである。信頼への裏切りがあるかもしれない、という状況下において、集団がさまざまな自然の脅威から身を守ったり、食料を獲得したりして生き延びていくためには、他人の心が内面化できるなら役に立つ。人間という社会的な動物にとっては、ライオンや野牛がどこにいるかを知るより、他人が何を考えているかを知り、その情報を共有する能力のほうが有益なのだということだろう。そして、他人の心を内面化するからには、自分が内面をもつ必要がある。

つまるところ、これらの仮説に共通するのは、「心とは、他人の心を察することができるように生まれたものである」という理屈になる。

前章では、「お金の定義の中にお金の概念が出てきてしまう」ということを書いたが、心を定義するその中にも心の概念が出てきてしまう。このことは、心とお金が本質的な仕組みのところでつながっているということを暗示していると言えないだろうか。

人間であることと、相手を疑う気持ち、あるいは逆に信用する気持ちは直接つながっていると言えることを、これらの仮説は示唆している。

原始の約束

ところで、文字の登場以前に「約束」はあったのだろうか。文字としての記録が残っていない以上、想像に頼るしかないが、先の仮説に従えば、おそらく「約束」は、「心」そして「言葉」と、だいたい時を同じくして誕生したと考えて差し支えないだろう。それは、狩猟採集社会における社会の取り決めのかたちをとったとも考えられる。一部は語り継がれることにより伝承していったはずだ。だが、音声は刹那的なものであり、それが記録として固定されるためには、蓄音機の発明を待たなければならない。

一方、文字は、記録する媒体とともに誕生したと考えられる。石に刻む、あるいは粘土に刻む（その後、必要なら粘土を焼いて恒久化する）といったかたちで、持続する記録というものが人類史に登場することになる。

『サピエンス全史』では、世界最古の文明と言われる古代メソポタミアの例を引いている。それによれば、楔形文字を用いた、人類最古の書き言葉により記されていたのは、何らかの会計上の記録だったと言われる。

その中では、例えば「37ヶ月間で29086単位の大麦が受け取られた」といったように、おそらくは負債が数量化されていた。それは、すでに道具を用いて計量する文化があったということを意味するし、何よりも、社会の中に信用のシステムが存在していたことを示している。貸しつけの仕組みすら、すでに動いていたのである。

このことについて、人類学者デヴィッド・グレーバーによる2011年の著書『負債論』［参考文献7］は、「わたしたちが最初に学ぶことはそもそも仮想貨幣など新しくもなんともないということである。実のところ、それこそが貨幣の原型だったのだから」と記している。

ちなみに、ここでの「仮想貨幣」とは、地金ではなく信用にもとづく貨幣のことであり、現在の銀行券などもその中に含まれる。

貨幣は、金貨・銀貨などの硬貨ではなく、まず信用貨幣のかたちで人類史に登場したというのである。

それはいつ頃だったのだろうか。コミュニティの中での分配を基本とする狩猟採集社会では、貨幣は不要だっただろう。また、貨幣の始まりが負債だったのだとすれば、ただそこにあるものを獲ったり採ったりする純粋な狩猟採集では、負債はいつ返済されるかもわからない。貨幣は、農耕のような計画性の導入が前提になったのではないだろうか。

全体主義的農耕の始まり

現在、私たちが生きている社会は圧倒的に農耕社会の概念のうえに成り立っている（産業化・情報化の影響については後述する）。それ以前からあった狩猟採集社会の原理は存在しているのだが、隠されたり、抑圧されたりしている。

このことについて、進歩史観に立つならば、私たちは行き当たりばったりの、不安定で非効率的な狩猟採集の生活を止め、より安定的で効率的な、農耕にもとづく生活に移行したのだという解釈になるだろう。

しかし、実際には、狩猟採集と比較して、農耕に移行したことで、逆に労働当たりの生産性は下がっているのだという。平均的な農耕民は、平均的な狩猟採集民と比較してより多く働き、より少ない食料を得ており、農耕革命は「史上最大の詐欺」とさえ言える（『サピエンス全史』）。「約束」の話で言えば、「なんだか約束が違う」ということにならないだろうか。

そのことに対しては、例えば氷河期の終結に伴う気候変動などの自然条件により、やむなく一部の人類が農耕に移行したのだという議論も成り立つかもしれない。だとすれば、その条件が解消した後、なぜ、非効率的な労働を強いる農耕を捨て、より効率的な狩猟採集に戻らなかったのかという疑問が生じる（現に、狩猟採集社会はマイノリティであるものの現在も続いている）。農耕社会には、おそらく何らかのロックインの機構があるということになる。

安定した食料供給による人口の増加は、明らかにそうしたロックイン機構の一部だろう。原始的な狩猟採集によってでは、多くの人口を支えることはできまい。しかし、それ以前に、私には、農耕社会のそもそもの成り立ちに、「支配」とその固定化の概念が深く関わっているように思えてならない。それは、「征服と奴隷」の考え方のうえに、今もなお私たちの社会が成り立っているということでもある。

いや、過去には確かに奴隷制度の不幸な歴史はあったかもしれないが、私たちの現代社会はそれを乗り越えたうえに成り立っているのだと反論する向きは当然あるだろう。一方で、例えば、現代の日本において「ブラック企業」と呼ばれる組織の中に置かれた人々は、今でも奴隷のように毎日を生きていると感じているかもしれない。

だが、総じて私たちは、「征服や奴隷」は過去のものであると考え、農耕の起源に「支配する側」と「支配される側」との存在は認められるかもしれないし、現在も一部で人が人を不当に扱う事例は残っているものの、人間は生まれながらにして平等であり、基本的人権を享有すると信じている社会の中で生きていると言えるだろう。現代を支えているのは、人々の専門性であり、職業に貴賤はなく、専門分化することで互いを助け、高度な文明を発達させたと、私たちの多くは考えているのではないだろうか。

しかし、それもまた、一種の進歩史観であることは否めないように思う。狩猟採集社会においては、誰かが支配的な立場になることをシステマティックに避ける、言わば高度に文明的な社会構造があることが知られている。反対に、私たちの多くはボスの下で働いているし、日本では2010年代の中頃から、霊長類学の用語である「マウンティング」が、自己の優位性（位において自分が勝っていること）を誇示するカジュアルな言動を表す言葉として日常語化している。「支配」「征服」「奴隷」といった概念は、過去のものとするには、あまりにも私たちの社会の中に根深く残っている。もし「奴隷」が過去のものであるかのように感じられるならば、それこそが、そう感じている人が今、社会の中で特権的な立場にいることの証なのかもしれない。

職業人という名の奴隷

思想家であり、デザイナー、建築家などでもあったバックミンスター・フラーは、その1963年の著書『宇宙船地球号操縦マニュアル』〔参考文献5〕の中で、「専門分化とは事実上、奴隷状態の少々おしゃれな変形にすぎない。そこでは、『エキスパート』は社会的、文化的にみて好ましい、したがってかなり安全な、生涯続く地位にあるのだと幻想をもたされて、奴隷状態を受け入れることになる」と述べている。

私たちが奴隷状態にあるとは、どういうことだろうか。

フラーが指摘しているのは、私たちの多くが職業人として自分の専門性の中に埋没し、社会を全体として捉える力・営む力を剥奪されてしまっているということである。

例えば、「税」について考えてみよう。私たちは、なぜ税金を払っているのだろうか。現代における解釈は、国家による安全の保障と行政のサービスとを受けるための、言わば「会費」である。だが、前述の『負債論』では、「古代世界において、自由市民が税を支払うことは、ふつうはなかったということである。一般的にいって貢納を徴収されたのは被征服民のみだったのである。これは古代メソポタミアにおいてすでにそうだった」との指摘がなされている。また、植民地支配の方法の分析から、住民に労働をさせ、貨幣で対価を払って消費を促し、税を徴収することは、征服者が自国に立ち去った後も消費需要が継続し、現地で市場が回転することで、支配が固定化されるような基盤作りのためだったことが明らかになっている。『負債論』はまた、最古の文明から現代に至るまでの間、「富者」と「貧者」の間の闘争は、往々にして「債権者」と「債務者」の間の争いというかたちをとってきたとも指摘している。その究極的なかたちが国家と国民の関係であり、国家への借りの返済が「税」であって、そこに現代の貨幣の起源があるというのである。

そもそも、狩猟採集社会であれば、生き延びるために必要なことはすべて自分たちでできるし、誰の許可を得ずとも、食料を手に入れることができる。一方、私たちの社会では、専門分化により個人の万能性が失われており、生き延びるために必要なすべてのことを自分たちだけで行うのは困難だ。私たちが生きていくうえで必要なもの、何もかもが、基本的には貨幣がなければ手に入れることができず、貨幣を得るためには労働をしなければならないというように、私たちは、言わば不自由な生活を強いられている。この状況は、確かに奴隷状態なのだと言ったら、言いすぎだろうか。

私たちが暮らす、現代の民主主義の社会においては、「征服者」は姿を消しているのかもしれない。しかし、私たちは「征服者」不在のまま、全員が奴隷としての生活を続けているという見方ができるかもしれない。

「物々交換の時代」というファンタジーと貨幣の成り立ち

「物々交換の時代」というファンタジーは根強い。いや、ファンタジーもなにも、人類の歴史において、「物々交換の時代」を経て貨幣経済が始まったことは自明であり、常識ではないか、という声も聞こえてきそうだ。しかし、システマティックな経済の仕組みとしては、負債にもとづく信用貨幣が最初に登場したのであり、いわゆる「物々交換の時代」はなかったということを歴史は教えている。

この章で何度も引用する『負債論』は、貨幣が登場する以前にあった「物々交換の時代」が幻想であることを豊富な論証により明らかにしている。「歴史的にみれば物々交換は、現金取引に慣れた人びとがなんらかの理由で通貨不足に直面したときに実践したものなのだ」と同書は指摘している。物々交換は、あったとしても、貨幣が登場した後の話だということだ。

同書はまた、「物々交換の時代を経て、その不便を補うために金貨・銀貨などの狭義の貨幣の時代が始まり、その不便を補うために紙幣、ひいては小切手やクレジットカードなどの広義の貨幣としての信用システムが現れた」という旧来の経済史の解釈は、事実とまったく逆だと指摘している。なにしろ、古代の文明のあり方を記した、その最初の記録が、貸しつけが行われていたことなど、信用システムが存在していたことを示しているのである。信用システムは、最古の文明の記録とともに、まさにいきなり人類史に登場したのである。

情報科学の観点からも、現在のように進んだ情報インフラをもたない過去に、需要と供給とのマッチングが必要になる物々交換によって広く経済的なニーズを満たすことが可能だったとは、私には到底思えなかったので、その点は非常に納得できる。

私たちは、貨幣の存在に慣れ親しみ、等価な交換が行われ得る、あるいは行われるべきだという現代の貨幣経済社会の感覚にもとづいてしか、貨幣が不在である世界を考えることができなかったのだ。それが「貨幣の登場以前にあった物々交換の時代」というファンタジーを生んだと考えられる。現代人の思考でしか過去を考えられなかったということの事実は、未来を考えるうえで、他山の石として肝に銘じたい。

冒頭のショートSFでのエチカの台詞、「あなたのいた時代との個別の違いに注目して、それをあなたの時代の常識に照らして解釈するなんてナンセンスじゃない?」というのは、実は、このことへの戒めとして書いたものである。

しかし、仮に今後、金融貨幣経済が衰退し、まさに貨幣の存在に慣れ親しんだ時代を経て貨幣が不在になるなら、何が起こると言えるだろうか。つまり、物々交換の時代とは、むしろ未来の姿なのではないか、ということである(図2・1)。このテーマについては、本書で追って考えていきたい。

さて、狩猟採集社会を出発点として考えると、貨幣の登場以前に物々交換の時代がなかったことは、論理的にも導くことができる。まず、自分たちの手によって、その社会にて必要とされるものすべてを作り出したり、獲ったり、採ったりできるならば、贈与は行われていたとしても、必要なものを交換により手に入れる必要はない。専門分化が進み、市場が生まれるのでなければ、交換は必要ないのである。

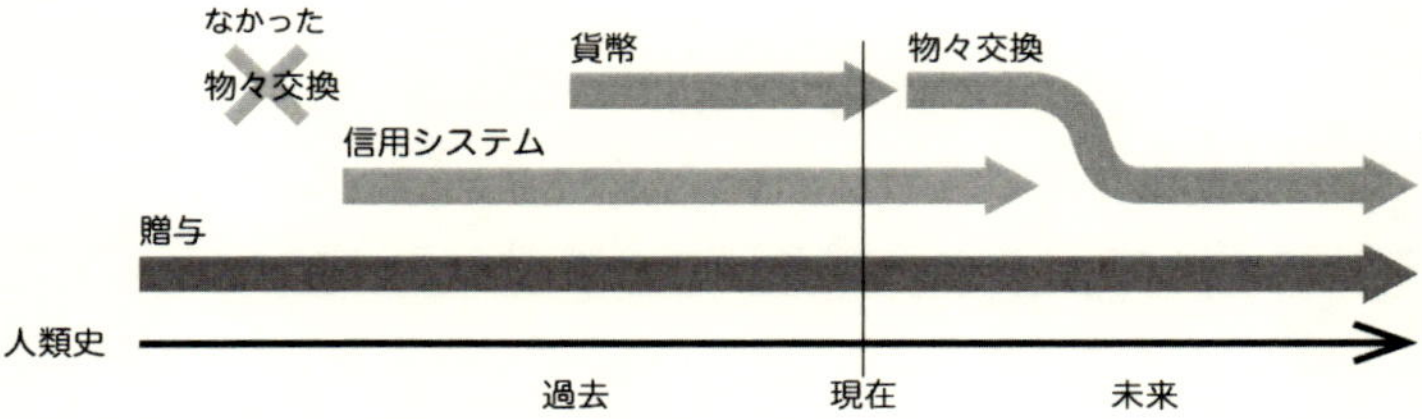

・私たちの多くが信じている「物々交換→貨幣→信用システム」という流れは、実際の人類史に照らしてみると（物々交換の時代はいまだ到来していないので、未来については推測となるが、おそらく）正反対。

・貨幣は信用システムを完全に置き換えたのではなく、両者は、主に貨幣の失敗を信用システムが補うかたちで、それぞれの地域の歴史の中に交互に現れている。むろん、贈与は常に行われている。

・「物々交換の時代」というファンタジーは、貨幣経済になじんだ私たちが考える「貨幣のない世界」のイメージなので、物々交換に根ざす経済がむしろ未来のものであることを示唆する。

図 2.1　人類史における経済システムの推移（[参考文献 7] を参考に筆者作成）

では、どのようにして専門分化は進み、市場は生まれたのだろうか。自らの万能性を放棄して、自分たちだけでは生きられなくなるような道を、人々が自発的に選んだとは考え難い。そこで、古代メソポタミアの時代、いや、おそらくは農耕の誕生と同時期から行われ、植民地支配にも応用されてきた手法が登場する。すなわち、征服され、安全の保障を得る代わりに労働者となり、対価を得、税を支払わなくてはならなくなる立場に置かれたことで、住民の間に市場が生まれたのだろう。そこでは、大麦かもしれないし、コメかもしれないが、税を支払うための手段が貨幣となる。物々交換の時代を経ずとも、一気に貨幣の時代に突入したのである。

また、国家にとって貨幣とは、専門分化と同じく、支配の手段なのかもしれない。というより、国家と貨幣と専門分化は、歴史上、三つ巴で発展してきたのだろう。

一方で、「お金は、次の人もお金として受け取ると信じられているから受け取られる」という貨幣の原理自体は、国家を抜きにしても、貨幣を使う人々の間で息づき、人間が別の人間を信頼するということにもとづいて貨幣を流通させている。貨幣は、社会において約束が履行されることへの信頼であり、同じ通貨（貨幣として通用しているもの）を受け取る人々の間での連帯の証なのである。

活版印刷術と産業化――グーテンベルクの銀河系

次に、産業化について見ていこう。農耕化と、それに伴う支配階級の出現と徴税、そして信用システムの発達にとって、文字の発明が大きな役割を果たしただろうことと同じように、産業化にとっても、社会における情報の取り扱いの技術の変化が伴ったと考えられる。それは、18世紀のいわゆる産業革命に先立つこと約３００年、15世紀の「活版印刷術の発明」というかたちで世の中に登場した。

この印刷術の発明と発展が、人間の「信用」の世界にもたらした影響は計りしれない。現在、私たちが手にする貨幣としては、額面で見るならば紙幣が圧倒的である。当然のことながら、紙幣という存在は印刷技術の発達がその前提となっている。

また、活版印刷術の発明を経て、「印刷された契約書」という概念が初めて社会の中で一般化したことは、注目に値する。現在において、私たちの契約は、契約書の印刷あるいは完全な複製という概念なしには成立し得ない。

●検証可能な「契約」の誕生

「契約」とは、当事者の間の「意思表示の合致」である。どのようなことに意思表示が合致したのか、その証拠を残すために「契約書」が作られるが、その時点では楔形文字による粘土板への記載と大差はない。

メソポタミアにおいて、負債が記録されていた粘土板は、しばしば祝祭の儀式において王の宣言とともに破壊され、負債が帳消しにされたという（『負債論』）。それが可能だったのは、1枚1枚の粘土板がユニーク（唯一のもの）であり、それを壊せば負債の証拠がなくなってしまったからにほかならない。

だが、現代においては、借金のような場合でも、契約書は2部作り、貸し主と借り主との双方が保管するのが普通である。その際、完全な複製を作ることが前提となるため、通常は、同じ電子ファイルにもとづいて2部印刷し（したがって、このことが実際に一般化するまでにはパーソナルコンピューターと安価なプリンターの登場を待たなければならなかったが）、契約の当事者たちは、それぞれの契約書に署名をすることになる。契約する両者が契約書の完全な複製を共有することで、契約の内容はどちらから見てもいつでも同じく見えることが保証され、片側による改ざんのような行為がもし行われた場合でも、証拠を裁判所に提出でき、かつ、片方の意思では契約の事実を抹消できなくなる。

これは、ブロックチェーンが目指している「空中に約束を固定する」ことの原初的な方法と言える。契約書は、どちらにも占有されていないからである。

●メディアの法則

活版印刷術の発明は、このように人々が「約束」を結ぶ方法を次第に変化させ、その他諸々の波及的効果と相まって、現在の産業社会の礎を築いた。その驚異的なインパクトについては、メディア学者マクルーハンが、1962年の著書『グーテンベルクの銀河系』［参考文献13］の中で詳細にまとめている（なにしろ、「銀河系」だ）。

その驚くべき内容を見ていく前に、一般論として、新しいメディアがどのように社会を変化させていくかについて、その法則性を見ていこう。ここで「メディア」とは、メディア論的には人間の身体を拡張するものすべてであり、「すべての人工物」くらいの意味である。

マクルーハンは、その死後、1988年に出版された息子との共著『メディアの法則』［参考文献14］にて、メディアが社会に及ぼす影響を分析するための道具として、「テトラッド」というツールを提唱した。テトラッドとは4つ組という意味だが、この場合は次のように、

「4つで1組となる質問のセット」である。

《テトラッドの4つの問い》

強化　何を強化したり、可能にしたり、加速するのか？

衰退　それは何を廃れさせ、何に取って代わるのか？

回復　それはかつて廃れてしまった何を新しいかたちで回復するのか？

反転　それは極限まで推し進められたとき何を生み出し、何に転じるのか？

まず、このツールが正しく機能するかを検証するために、多くの読者のみなさんにとってなじみがあると思われる「メディア／人工物」として、「自動車」を取り上げ、その社会への影響を正しく分析できるかどうかを確かめてみよう（図2・2）。

自動車が「強化」するのは「人間の移動能力」であり、また、車内においては「プライバシー」が保たれる。

それが「衰退」させたのは、「馬と馬車と関連産業」であり、また、郊外の発展と都市部への機能集中に伴って「都市の居住空間」をも衰退させた。

強化 ・人間の移動 ・プライバシー	**反転** ・渋滞、交通事故 ・電気自動車・自動運転
回復 ・移動する自由 ・個人的な空間	**衰退** ・馬と馬車と関連産業 ・都市の居住空間

図2.2　自動車のテトラッド（［参考文献14］を参考に筆者作成）

「回復」は「強化」と深く関連する。馬に乗っている間は、自分の意思と馬とを協調させる必要があったが、自動車に対しては、運転により自分の意思を直接、反映させることができる。馬以前（すなわち、徒歩のとき）に謳歌していた「移動する自由」の回復である。乗馬している際には、身体が露わになることを考えれば、「個人的な空間」についても同様と言えるだろう。

一方「反転」は、「強化」や「回復」が推し進めることを逆転させる。また、「衰退」させられていたものが、「反転」の結果現れる新しいメディアにより「回復」されることになる。「渋滞」や「交通事故」は、人間から移動の自由を逆に奪うことになる。自動車が極限まで進むとき、現状の最先端ということで考えれば、「電気自動車」や「自動運転」に「反転」すると言えるだろう。

しかし、自動車が「反転」することで、それにより「衰退」させられていた、例えば「馬」は本当に「回復」するのだろうか。直感的には「それはないな」と思うかもしれない。この「テトラッド」というツールは、その意味では正しく機能しないのだろうか。

いや、実は「馬」は、新しいかたちで実際に「回復」するのである。

ＨｏｎｄａＵＮＩ-ＣＵＢをご存知だろうか。全方位駆動の車輪機構を備えた小型電動スクーターであり、人間が腰かけるサイズになっていて、ステップに足を載せ、動きたい方向に体重を移動するだけで全方位に自在に動く。速度は出ないが、これは新しい「馬」だと言っても過言ではないだろう。UNI-CUBは、たまたま見た目も馬（乗馬姿勢）を想起させるものだが、パーソナルモビリティと呼ばれるものは、小型で人間の身体にフィットし、およそ馬のような特徴を備えるものである。

また、カーナビの出現からその傾向は始まっていたのだが、自動運転によって、運転手の意思を直接反映して進む「移動する自由」は、再び移動体との協調を必要とするように変化する。

さらに、（自動運転の）電気自動車により排出ゼロや渋滞ゼロが実現されるとともにコンパクトシティ化が推進され、人々は都市の居住空間を「回復」することになると考えられる。

このように、少なくとも自動車については、「テトラッド」はそれが過去に対して社会にどのような影響を与え、未来において社会をどう変化させていくかについて、副作用も含めた分析のツールとして役立つように思える。

次は、いよいよ「活版印刷術／活字」に対してそれを適用してみよう。

●グーテンベルクの銀河系

図2・3は、活字のテトラッドである。

活字が「強化」するのは「均質で大量な複製」であり、また、最初から最後まで首尾一貫した思想で書かれた書物などによる、「固定された視点」である。

これに対し、私たちは「もし、首尾一貫していない書物があったとしたら、それは読むに値しない書物なのでは？」と思ってしまうかもしれない。それはまさに、私たちの感覚の中に「固定された視点」をよしとする、活版印刷術の発明以降に培われた価値基準が内面化されているからにほかならない。

だが、活字の登場以前、書物は「写本」により伝わっていたのであり、写本には「書き手」のほかに「写し手」がいて、両者の区別も厳密にはつかず、写し手の思想なども入り込みながら、書物はモザイク状に構成されていたのである。そうした書物は部数もなく（というより、すべての写本はユニークであり）、貴重であり、社会の中でアクセスが制限され、読書は個人的な営みというより、集団で読み合わせるといったように、むしろ「聴覚的なメディア」としての書物」のあり方が推進されていた。こうした「写本」のあり方が、活版印刷術の出現により「衰退」させられていくことになる。

強化	反転
● 均質で大量な複製 ● 固定された視点	● デジタルメディア
回復	**衰退**
● ルネサンス	● 写本（モザイク状のメディア） ● 聴覚メディアとしての書物

図2.3　活字のテトラッド（［参考文献14］を参考に筆者作成）

一方、活字による「回復」の効果としてあげられるのは、まさに「再生」「復活」を意味する「ルネサンス」の後押しである。

そして、活字の「反転」は、それを極限まで推し進めた新しいかたちである「デジタルメディア」ということになるだろう。それが活版印刷術により強化されたものを衰退させ、活版印刷術により衰退させられていたものを回復させていく様相については、後述する。

さて、活字による「均質で大量な複製」「固定された視点」の強化は、社会にどのような具体的な影響を与えてきたのだろうか。

まず、「著者」という概念の登場がある。一字一句違わないテキストを複製可能になって初めて、「これを誰が書いたか」という議論ができる。「印刷の発明は、書きびと知らずが発生する余地を技術的に排除してしまった」と、『グーテンベルクの銀河系』では指摘されている。知的財産としての書物の誕生である。

論文という著作物に対しても同じ効果が現れ、「科学的方法論」が確立する。すなわち、仮説、実験、検証までを首尾一貫した視点で行うこと。そして、成果を論文という形で記録し、それが完璧に複製されることで、まったく同じ条件を用いて追試し、同じ手順を踏めば再現できるということを確認したり、「思考の経済」として利用したりするということは、固定された視点や論文を完全に複製する技術があって初めて可能となったのだ。

産業社会における業務改善の考え方である「PDCA」、すなわち、計画（Plan）、実行（Do）、評価（Check）、改善（Action）というサイクルも、仮説を立て、それを検証するという科学の手続きにもとづいている。

産業社会と言えば「大量生産」だが、まさに判で捺したように同じものを大量に作るという考え方も、活版印刷術の発明以降に浸透する。そもそも「製品」という考え方の根底も、活版印刷術の影響から生まれることになる。なぜなら、私たちは当たり前のように、印刷された文書が完成品であり、手書きの同じ内容が残っていたとすれば、それは下書きに違いないと考えるが、テキストについて、そうした「未完成品」と「完成品」との分断が起こるのは、活版印刷術があってこそだからだ。「活版印刷の発明は、知識を応用する上で新たに視覚面の強調を促し、拡張させ、最初の複製可能な『商品』を、最初の組み立てラインを、最初の大量生産方式をもたらした」と、『グーテンベルクの銀河系』では指摘されている。

そして、印刷された書物が大量に出まわることで初めて、読書は「個人的な営み」になる。携帯できる知識に平等にアクセスできることになったわけだが、これは個人主義や民主主義の確立を支えたと言えるだろう。

その一方で、活版印刷術は、「集団的な国民意識」というものの誕生を支えることになった。ルネサンス期は、ヨーロッパにおいて多くの各国語による文芸作品が登場した時期である。印刷物に後押しされ、民族の言葉が視覚化されることで、各国語自体が形成されていったのだ。

デジタル技術と情報化──反転するグーテンベルクの銀河系

そして今、私たちはデジタルメディアを手にしており、社会の情報化の過程の真っただ中にいる。

一見、情報化は、印刷術がもたらした産業社会へのインパクトをそのまま拡大させていくかのように見える。現に、「印刷された契約書」の概念が実際に一般化したのは、私たちがデジタルメディアを使うようになってからだ。

しかし、活版印刷術さえも、当初は写本を効率化する技術だと思われていたのである。ところが、これまで見てきたように、実際には私たちの知る世界をまるで変えてしまった。それが新しいメディアによる「反転」の作用である。

デジタルメディアによる「反転」の作用については、『グーテンベルクの銀河系』に記された内容の真逆のことが起きていくと考えればよいだろう。それは活版印刷術が強化してきたものを衰退させ、活版印刷術により衰退させられていたものを回復させて、言わば「反転する銀河系」を生み出していくのである。

実際にどんなことが起きていくのだろうか。

まず、「著者」という概念が衰退するはずだ。このことは、ソーシャルメディア【注01】のタイムラインを見れば明白である。現代においては、私たちが目にする文字の多くはソーシャルメディア上にある。それは、複数の書き手や写し手によるテキストや画像が入り乱れたモザイク状の画面であり、そこでは、内容や書式が不均一であり、首尾一貫もしておらず、テキストの同一性は保証されず、引用もときに明記されない、まさに写本のような世界が繰り広げられている。

また、「科学的方法論」に変化が起きなければならない。2016年の中頃から現在にかけて話題となっている「ポスト真実」や「オルタナファクト」は、事実が編集可能になったことの帰結である。これらは歓迎すべきでない変化かもしれない。だが、人工知能の発達は、今後、科学的な手法に実際にパラダイムシフトを起こしていく可能性がある。それは、PDC

Aが時代遅れになるということでもある。仮説と検証が人工知能により自動的にまわるとすれば、私たち人間がやらなければならないことは、以前とは異なってきて当然である。

最近、PDCAに代わって「OODA（ウーダ）」ということが言われ始めている。観察（Observe）、適応（Orient）、決定（Decide）、行動（Act）を高速で反復するというものである。これは「大量生産」の考え方と異なり、それぞれが少量で多様なものを作る世界にもマッチする。そのような生産方式は、デジタルメディアにより支えられることになる。

大量生産された均一のものに人が合わせるのではなく、人に合わせて個別に設計されたものを必要な分だけ生産するためには、設計がカスタマイズできなければならない。そのために必要なのは、設計を共有し、それぞれの手元で自分に合わせて変化させることである。すると、設計は閉じた営みではなく、共有されながら変化していく「オープンデザイン」となり、品物のデザインは常に変化のプロセスの中に置かれることになる。そうして「完成品と未完成品の区別」はなくなっていく。

貨幣と信用の変化

さて、デジタル化・情報化の波が貨幣と信用の世界にどのような影響を及ぼしていくかについては、やはりテトラッドを描くことで議論できる（図2・4）。これにより、「デジタル通貨」とその先が、どのように世界を変えていくか、その様相を先取りできる。

ビットコイン自体は、貨幣の先鋭的なかたちであり（その理由については第5章で詳しく論じる）、そのため、貨幣が強化してきた「交換・消費」や「貯蓄・投資」、そして「専門分化」や「農耕・産業社会」の形態を引き続き強めていく方向に働くと考えられる。しかし、その先に起きる変化はその真逆だろう。

そもそも、貨幣が先鋭化していくと「交換・消費」は停滞する。デフレ（すなわち、商品に対して貨幣がより大きな価値をもつ）傾向が強まるからである。すると、歴史が常にそうだったことを教えるように、「信用システム」が頭をもたげてくる。貨幣の不足や、そもそも商品価値がないと思い込まれていたことにより使われていない資産や、人間の能力や時間を市場化する「シェアリングエコノミー」の台頭は、その一環として捉えられるだろう。空き部

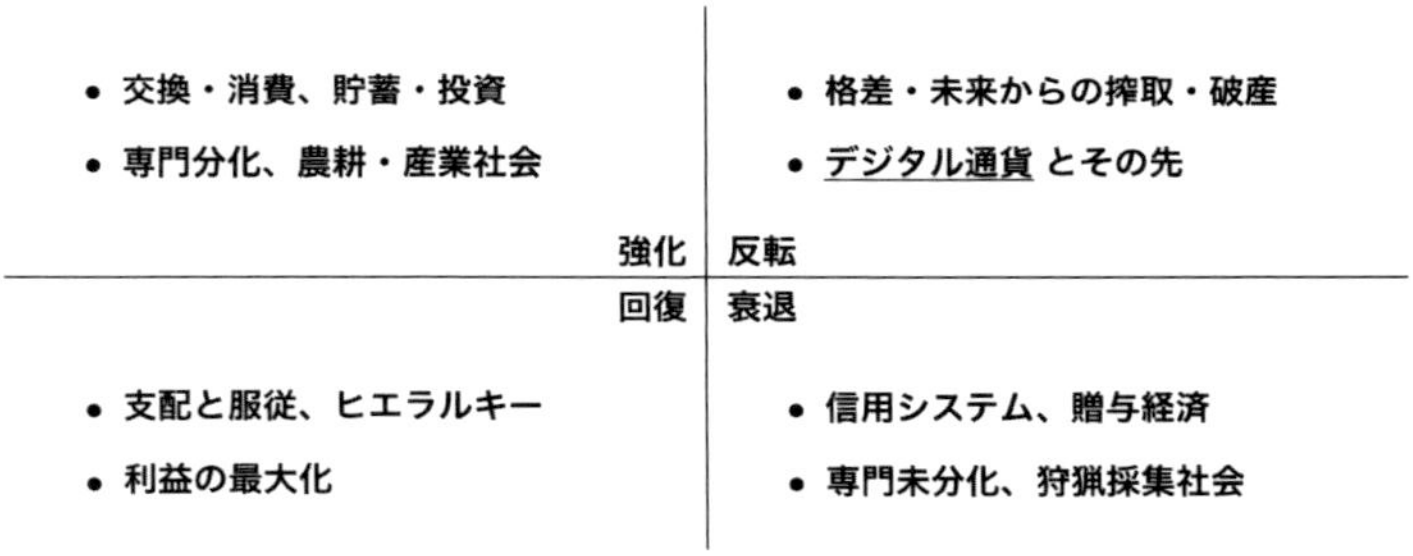

図2.4　貨幣のテトラッド（［参考文献14］を参考に筆者作成）

屋を貸し出したり（例：Airbnb）、自分の運転能力をサービスに転換したりする（例：Uber）わけである。

そのように専門性を伴わずに経済を営んでいく行為は、「専門未分化」と表現できる。専門未分化は、3Dプリンティングのような、パーソナルファブリケーションの発達にも支えられるし、人工知能が専門的な知識へのアクセスを安価にしていくことによっても進んでいくと考えられる。

シェアリングエコノミーが発達していくと、人々はリソースを融通していくので、貨幣がさほど使われなくなっていき、課税すべき経済活動が縮退していくことになる。このことは、当初は大きな軋轢を生んでいくだろうが、長期的には税収が減ることで国家の力が衰退し、公共を担う方法に変化が生じる。おそらく、シェアリングエコノミーが公共の大きな部分を担っていくのだろう。これは変化のスパイラルを発生させることになる。

なぜそんなことが起きるのだろうか。

貨幣経済においては、利益の追求、つまり自己が管理する貨幣の量を増やすこと、すなわち貨幣という量に対する支配の拡大が唯一の原理である。そのためには、物事は安く済ませ、貨幣をなるべく使わないのが王道となる。貨幣経済の原理を推し進めていくことで、逆に貨幣を必要としない融通のソリューションが選択されていき、貨幣はむしろ表舞台から退いていく。

すると、従来の意味での労働は変わることになる。給与というものが崩れるのだから、雇用という考え方が崩壊する。それは、基本的なところで、「支配する側」と「支配される側」との関係が曖昧になっていく、平等社会の実現と言えるかもしれない。

分け合い、人を助けることが中心になっていくとすれば、それは「贈与経済」であり、同時に「狩猟採集社会」の考え方にかなり近くなってくる。

そういえば、ＯＯＤＡは狩猟の方法に近いのではないか。例えば、弓を射るという動作を考えてみてほしい。獲物を観察し、その状況に適応して、判断を下し、弓を射る。ＰＤＣＡが、作つけを計画し、種を蒔き、育て、その結果を見て次期は改善する、という農耕のプロセスとよく似ているのに対し、ＯＯＤＡは狩猟の方法に近いのである。

「余白」をもつ信用のアーキテクチャーへの希望

デジタルになることで、契約の概念はどう変わるのだろうか。

サイバー法学者レッシグは、コード（＝コンピューターのプログラム）が法になるとした著作『ＣＯＤＥ』［参考文献12］のアップデートを続けている。法律に、守らないという余地が常に残されているのに対し、私たちが例えばスマホのアプリを使うとき、そのアプリにより許されていないことは決してできない（そして、アプリはスマホのオペレーティングシステムが許していないことはできない）。その意味で、コードが法であることには危険が伴う。

こうしたソフトウェアのアーキテクチャーは、ある意味、現代における法を代替するものであり、注意深く設計される必要がある。弁護士の水野祐氏は、その著書『法のデザイン』［参考文献23］の中で、この点に関し、人々の行動を法よりも強力に制限するこうしたアーキテクチャーが、ガチガチではなく、どれだけ十分な「余白」をもち、人間の自由を支えられるものとして設計され得るか、課題を提起している。そうした「余白」をもつアーキテクチャーとして全体がデザインされることは困難だと思うが、希望がないわけではない。

1つ描けるストーリーはこうである。ビットコインのようなグローバルなデジタル通貨、そして「ＭＵＦＧコイン」や「Ｊコイン」などメガバンクが発行する通貨、地銀や地方自治体によるデジタル地域通貨や目的別通貨など、今後は多様なデジタル通貨が世に出てくると想定できるが、そうやって通貨が乱立すると、その時点では消費者である私たちは途方にくれることになる。いつどの通貨を用いればよいか、判断が煩雑になるからである。

しかしすぐに、それこそフィンテックのスタートアップ企業などの手により、スマホで使えるアプリのようなかたちで、多様な通貨の利用を1つにまとめるワンストップサービスが提供され出すだろう。支払いにおける適切な通貨の選択が背後に隠れるのである。

加えて、「アマゾン・ゴー（Amazon Go）」として現在実験が行われているような、商品をつかんでそのまま出て行っても裏側で自動的に決済が行われるように人工知能を用いた店舗が一般化すれば、決済は私たちの意識から消えていくことになる。

そこには、人間の社会の中で緩やかな運用ができるような「余白」を埋め込むことが可能だ。例えば、アマゾン・ゴーのようなコンビニがあったとして、口座にお金をもっていない人がたまに商品をもって出ていくことがあっても、それを見逃せば、急に職を失ったような人でも自己の尊厳を傷つけずに社会の中で変わらずに生活を送っていくことができる。そのようなセーフティネットを、さりげなく用意できるのだ。冒頭のショートSFで、主人公シミズ・ツヨシが経験したとおりにである。

また、貨幣の希少性と格差のさらなる進行が招く必然として、財やサービスの代金を実際に貨幣で支払える人々の割合が少なくなっていったとしても、シェアリングエコノミーによって支払いを代替していくことが可能だろう。バーターに根ざした経済社会の登場である。もはや決済の仕組みは人間の意識には上らないのだから、裏側の帳尻合わせはどれだけ複雑でもかまわないし、貨幣を用いる必要すらないのである。

一方、実際に「余白」を埋め込めるような基盤を作っていくことには、よほど意識的になる必要がある。ブロックチェーンを強化し、スマートコントラクトの基盤として開発が続けられている、イーサリアム（後述）では、コードをブロックチェーンに格納することで事実上改ざんできないようにした。しかし、それと同時に、コードを変化させることも困難になってしまっている。その大きな弊害となった「ザ・ダオ（The DAO）事件」については、後ほど第4章にて述べよう。

自らが作り出したコード（＝広い意味で「規範」）に自分の行動がガチガチに規定され、コードに逆に支配されるようなことがあってはならない。

この章のまとめ

この章では、「約束」や「信用」に関わる人類のこれまでの歴史をふり返った。

・おそらく「約束」は、「心」そして「言葉」と、だいたい時を同じくして誕生したと考えられる。
・「仮想貨幣」、すなわち信用にもとづく貨幣は、「文字」と「記録する媒体」とともに誕生した。
・私たちの多くがいまだに信じている「物々交換→貨幣→信用システム」という時代の流れは、実際の人類史に照らしてみると（高度な情報通信が前提となる「物々交換の時代」はまだ到来していないので、「おそらく」ということになるが）、正反対。
・全体主義的農耕は「征服と奴隷」の始まりと深く関わっている。
・専門分化により全体性を失った私たち現代の職業人もまた、奴隷だと言える。
・活版印刷術の発明が現代の「契約」の基盤となり、また現代に至る産業化の基礎となった（『グーテンベルクの銀河系』）。
・デジタル技術の発明・発展はこれからの情報化の基礎となるが、そこでは産業化と真逆の変化が起きていき（「反転するグーテンベルクの銀河系」）、社会はむしろ狩猟採集社会の様相を帯びていくと考えられる。

【注01】ソーシャルメディアは、一般にはＳＮＳ（Social Networking Service）と呼ばれることも多いが、本来ＳＮＳは、ミクシィやフェイスブックのような人間関係を基調とするサービスを指し、ソーシャルメディアの一部の形態を示している。マスメディアが好んで使うことからＳＮＳという語が浸透したように思うが、ソーシャルメディアをメディアとして認めたくないという気持ちの表れかもしれない。

第3章「信用」と「裏切り」——ビザンチン将軍問題をめぐって

ビザンチン将軍問題の背景

さて、デジタルなシステムでは、信用は具体的にどのように扱われているのだろうか。コンピューターのシステムで信用が問題になるのは、複数の主体が関わるときである。複数のコンピューターがネットワークでつながれ、互いに通信しながら並行に動き、全体として1つのプログラムを動作させる「分散システム」では、したがって、信用を取り扱う必要が出てくる。

分散システムの信用に関わる有名な問題に「ビザンチン将軍問題」がある。これについて、「ビットコイン（のブロックチェーン）が初めて実用的にビザンチン将軍問題を解いた」というようなことが言われたり書かれたりしているのを目にしたことがあるかもしれない。しかし、コンピューター科学の観点からは、すでに前世紀から実用的なプロトコル（＝分散アルゴリズム）が動いているので、「それはないな」というのが私の感想だ。また、後述するように、ブロックチェーンが本当にビザンチン将軍問題に解を与えているかどうかは疑問である。私は、ブロックチェーンが初めてビザンチン将軍問題を解いたというような言説は、その2つの意味で不当だと思っているが、本当のところはどうだろうか。

前にも書いたとおり、すべての技術は特定の問いに対する答えである。ビザンチン将軍問題の問いとは何だろうか。もちろん、「問題」というくらいで、ビザンチン将軍問題そのものが問いの形式になっているわけだが、なぜ、そのような問題が問われたかを考える必要があるということだ。

簡単に言うと、ビザンチン将軍問題は、耐障害性、すなわち、障害が発生しても動き続けられるシステムを作るための問題である。そのために、同じ機能をもつサーバー群を冗長に動かし、どれかが止まっても残りのサーバーたちでサービスを提供できるようにする。ただし、サーバー群はどれに要求を投げても同じ答えを返す必要があるので、すべてのサーバーが同じ状態をコピーしてもたなければならないし、障害にもいろいろな種類があって、単に止まるだけでなく、間違った答えを返すかもしれないし、悪意のある誰かにより操作されているかもしれない。そのように、「障害として何でもあり」な状況下でもシステムが正しく動けるように作れるか、というのがビザンチン将軍問題の問いであり、これは耐障害性がきわめて重要な、ミッションクリティカルな領域で使われることが想定されている。

ビザンチン将軍問題とはどんな問題か

ビザンチン将軍問題は、1980年、分散システムの著名な研究者であるランポートらによって定型化された。「ビットコイン（のブロックチェーン）が初めて解いた」というようなことも言われるわけだが、1982年に論文［参考文献11］が発表されていて、その中でさまざまな条件の下で解かれている。そもそも、問題だけ載せて、その解き方を示していない論文があったとしたらめずらしい。

ランポートらによる解は、多くのメッセージを要するので、確かに実用性はなかったかもしれないが、実用的な解というものも前世紀【注01】にすでに発明されている。それが、最近は多くの分散レッジャー（分散台帳）で採用されているＰＢＦＴ［参考文献2および3］（Practical Byzantine Fault Tolerance：実用的な耐ビザンチン障害性）である。ＰＢＦＴでは、障害が発生していない場合に最適化して必要なメッセージ数を少なくし、高速に動作できるようになっている。

いずれにせよ、ビザンチン将軍問題は、裏切り者がいる場合にシステムが正しい結論に到達できるか、という問いに取り組んでいるという面で、信用を考えるためのよい材料なので、この章を通して考えてみたい。

●ビザンチン将軍問題

問題はこうである。ビザンチン帝国のn人の将軍が敵を包囲して待機している。将軍たちは敵の城がある盆地を囲む山々にそれぞれ陣取っており、地理的に互いと離れているため、メッセンジャーを通してしか通信できない。もちろん、ビザンチン帝国の時代の話なので、メッセンジャーといっても、スマホのアプリではなく、走っていってメッセージを伝える「伝令」のことである。将軍たちは、攻めるか撤退するかを決めたい。ところが、メッセンジャーは途中で敵に捕まるかもしれないし、さらに悪いことには、将軍たちの中にどうやら最大f人の裏切り者がいて、敵に有利に事を運ぼうとしているらしい。

このような状況下で、次のことを満たせるだろうか、というのがビザンチン将軍問題である。

（1）忠実な将軍は全員が1つの作戦に合意する。

（2）忠実な将軍の1人が発令するとすれば、その作戦に合意される。

前提として、将軍たちの中にコマンダー、すなわち「司令」が1人いて、「副官」である他の将軍たちに命令するということなのだが、この司令も裏切り者である可能性がある。

というか、作戦が特定の誰かにより発令されるのでなく、分散システムというからには、作戦を決める段階で話し合いながら合意できないのだろうか。そんな疑問もあるかもしれない。

実は、司令がいるという条件でこの問題が解ければ、それぞれの意見を持ち寄って全体の結論を決める、いわゆる普通の意味での合意形成も、多数決でよいなら実現できることがわかっている。

すなわち、将軍のそれぞれを司令とするプロトコルにより、各将軍の意見をその他の全員にコピーするのである。それにより、忠実な将軍の全員が他のそれぞれの意見を正しく知ることができ、仮に多数決で決めるとするなら全員の結果が一致することになる。

それにしても、なぜ「ビザンチン」なのだろうか。これについてランポートは、インタビューの中で「どこかの国の軍隊の話にしたかったのだが、現存する国名を避けた」という意味のことを語っている。確かに、この問題を通して「裏切り者が多い国」といった印象がついたら災難だろう。

ビザンチン将軍問題を解く——司令、攻撃やめるってよ

それでは、ランポートらの方法にならって、実際にビザンチン将軍問題を解いてみよう。まずは最少人数で考えるとして、何人の将軍がいることにすればよいだろうか。仮に2人の将軍がいて、最大1人が裏切り者だとすると、司令が裏切り者である可能性を考えたときになす術がない。副官にとっては、命令を受け取るのが自分1人だから、司令が嘘をついているかどうかを確かめる方法がないからだ。したがって、2人の場合には解がないというか、意味のある議論にならない。

●解けない場合

意味のある議論ができる最少人数はどうやら3人である。裏切り者がいる場合、その最少人数は1人なので、その条件の下で考えてみよう。司令と2人の副官という構成で、副官1の視点から見て、副官2、または司令が裏切り者である可能性があるとする。

副官1は、司令から「攻撃せよ」という命令を受けたとしても、それを無条件で信じることはできない。司令が裏切り者の可能性があるからだ。したがって、副官2が司令からどんな命令を受けたかを聞く必要がある。

シナリオ1では、実際には副官2が裏切り者である。司令は両方の副官に「攻撃せよ」と命令しているのだが、副官2は副官1に「司令、攻撃やめるってよ」と伝える。

シナリオ2では、司令が裏切り者である。司令は副官1に「攻撃せよ」、副官2に「撤退せよ」と命令する。副官2は副官1に正直に「司令、攻撃やめるってよ」と伝える。

この2つのシナリオは、副官1の視点からは区別がつかないし、これでは判断ができない。司令を無条件で信じるとすれば、シナリオ2のとき、「(1) 忠実な将軍は全員が1つの作戦に合意する」を満たせないし、無条件で信じないとすれば、例えば、実際には裏切り者がいなかった場合に「(2) 忠実な将軍の1人が発令するとすれば、その作戦に合意される」を満たせない（図3・1）。

このように、厳密なものではないが、3人の将軍の中に1人の裏切り者がいる状況では解けないことが証明された。

実は、ここから一般化して、将軍全体の数が裏切り者の3倍以下の場合では解けないこと

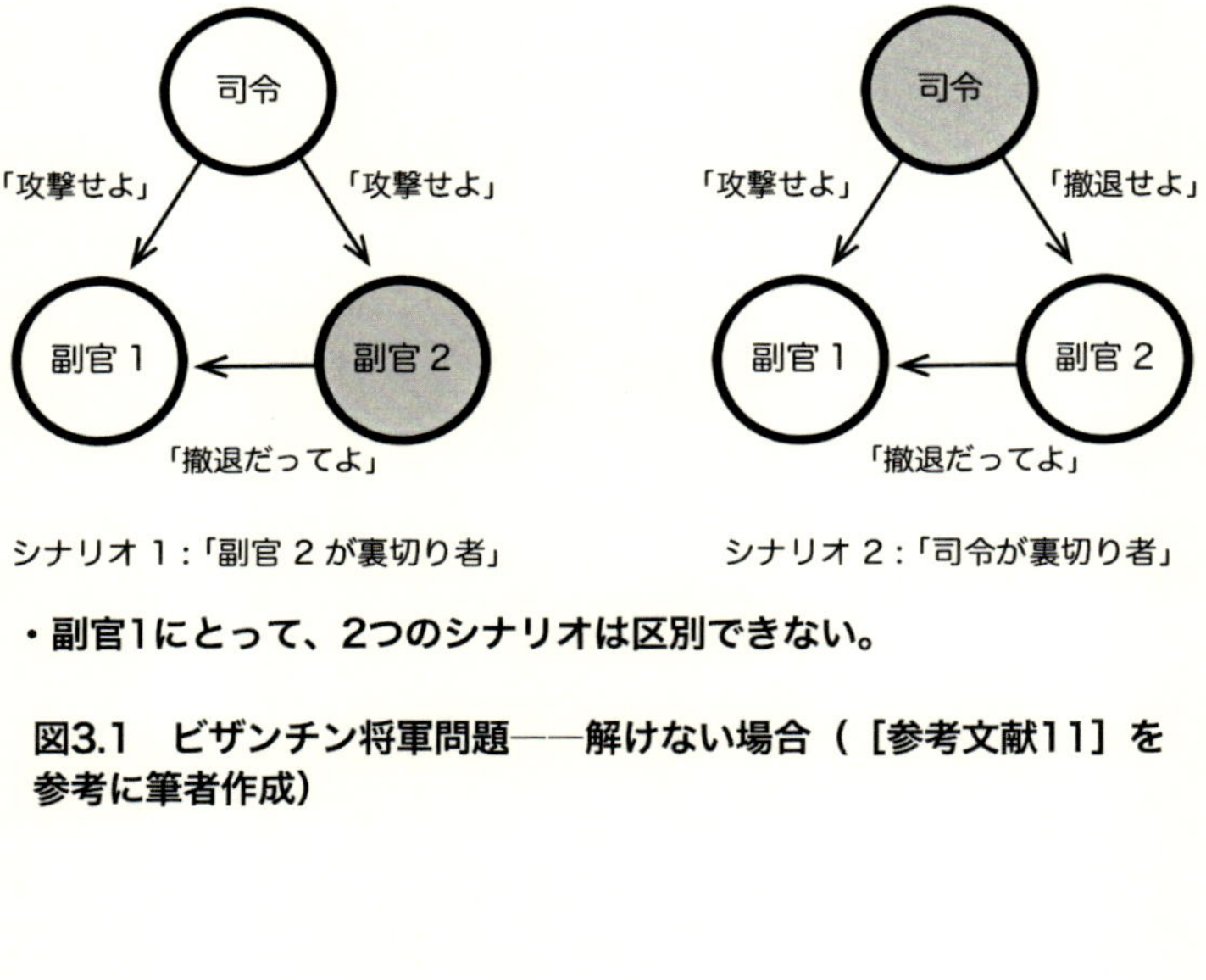

図3.1　ビザンチン将軍問題――解けない場合（［参考文献11］を参考に筆者作成）

がわかっている。

●解ける場合と、その解き方

では、将軍が4人の場合はどうか。裏切り者がせいぜい1人であるなら、全体の人数がその3倍を超えているので解けそうだ。

副官2が裏切り者の場合、司令は3人の副官に「攻撃せよ」と命令し、副官1と3も互いに「司令は攻撃すると言っている」という情報を送り合う。副官2からは「司令、攻撃やめるってよ」という偽の情報が伝わってくるが、これは少数派であるため採用されない。

司令が裏切り者の場合、司令は例えば副官1と3に「攻撃せよ」、副官2に「撤退せよ」と命令する。副官2は副官1と3に正直に「司令、攻撃やめるってよ」と伝えるが、両者からは「司令は攻撃すると言っている」という情報が伝わり、そちらが過半数になるため、副官は3人とも「攻撃する」ほうを採用する（図3・2）。

このように解けるわけだが、ランポートらによる、この問題を一般に解くためのプロトコルはこうである。

裏切り者がゼロと想定できる場合、司令は全員に同じ値を送る。副官は全員、司令の命令

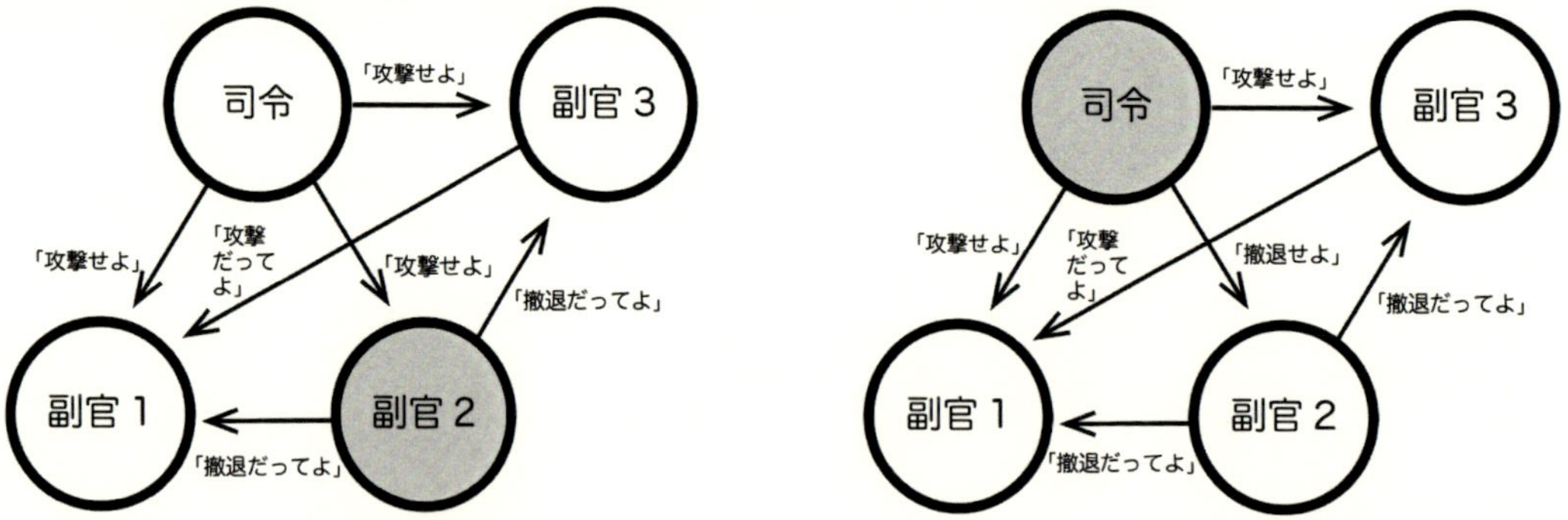

副官 1, 3 の視点：「攻撃せよ」>「撤退せよ」

シナリオ 1：「副官 2 が裏切り者」

副官 1, 2, 3 の視点：「攻撃せよ」>「撤退せよ」

シナリオ 2：「司令が裏切り者」

・多くのメッセージが省略されているが、副官は互いに司令から何を聞いたかを交換する。

図3.2　ビザンチン将軍問題——解ける場合（[参考文献11] を参考に筆者作成）

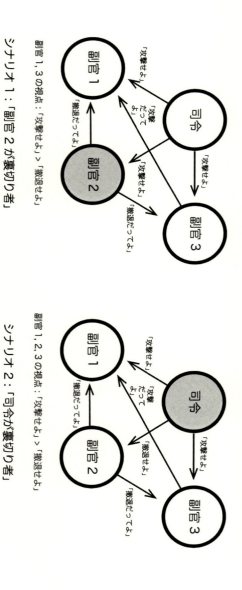

としてその値を採用する。

裏切り者が1人以上の場合、裏切り者でない司令は全員に同じ値を送る。受け取った副官は残りの副官宛に、自分が司令となったとみなして「想定される裏切り者の数が1人減った場合」を実行する。副官は、他の副官が送ってきた値を並べ、その多数決で決める。

解けている？　解けていない？

さて、結局のところビットコイン、あるいはブロックチェーンはビザンチン将軍問題を解いたのだろうか。

私は、ブロックチェーンでは解けていないと考えている。

そもそも、合意とはどんな場合に達成されていると言えるのだろうか。それは、「参加者が同じ値を選ぶ」ということに集約されるが、このことをコンピューター科学では「コンセンサス（合意）」と呼ぶ。コンセンサスが成立する条件は、次のように整理される。

① 提案された値だけが選択される。

② １つの値だけが選択される。
③ 正しい参加者は選択された値だけを学ぶ。
④ 提案された値のどれかがいずれ選択される。
⑤ 値が選択されるなら、正しい参加者はいずれその値を学ぶ。

ブロックチェーンでは、この中に満たされていない条件がある。

そのことを確かめるためには、これらの条件で言われていることがブロックチェーンでは何に当たるのか、読み替えが必要になる。具体的には、「値」は「ブロック」に当たる。「提案」は「ブロックのブロードキャスト」に当たり、「選択」は「それに続くブロックのブロードキャスト」に当たる。

それでは、読み替えてみよう。

① ブロードキャストされたブロックだけが、その次にブロックが続けられる。（↓この条件はOK）
② １つの（同じ番号の）ブロックだけが、その次にブロックが続けられる。（↓この条件

はNG）

③　正しい参加者は後ろに他のブロックが続いていくブロックだけを学ぶ。（↓微妙だが、そういう傾向があるようには作られている）

④　ブロードキャストされたブロックのどれかについて、いずれその後にブロックが続けられる。（↓この条件はOK）

⑤　ブロック（1）の次にブロック（2）が続くなら、正しい参加者はいずれブロック（1）を学ぶ。（↓この条件はだいたいOK）

このように、コンセンサスが成立するための条件が、一部満たされておらず、ブロックチェーンは、少なくともコンピューター科学的な意味ではコンセンサスを実現していないのである。そして、コンピューター科学的に、できるとされている何かを実際にはできないことは、コンピューターソフトウェアとしては、はっきり言って致命的である。

コミュニケーションに潜む不可能性

ブロックチェーンも分散システムとして作られている以上、コンセンサス以外にも、逃れられない法則がある。そのことについて見ていく前に、分散システムにおける障害について整理しておこう。

障害には、大きく分類して、次の2つの種類がある。

・ビナイン障害（良性な障害）――プロセスが止まったり、メッセージが届かなかったりすること。
・ビザンチン障害（障害の種類に前提を置かない）――任意の故障や、攻撃・裏切りなども含む。

メッセージが届かなかったり、相手が止まったりするというのは、分散システムでは当たり前に起こることで、無害にできる障害の部類に入る。しかし、それすら原理的にはある種の不可能性と結びついている。

●FLP不可能性

実は、分散システムに参加するコンピューター群が共通の時計をもっていない場合、ビナインな障害だけを前提に置いてすら、コンセンサスの問題は解けないことがわかっている（発見者の頭文字を取って、FLP【注02】不可能性［参考文献4］と呼ばれている）。

そこで、実用的な分散システムを作るうえでは、時計が同期できるかどうかが重要になる。これは、厳密には難しい問題なのだが、現在のインターネットは、特にスマホではGPSによる時計合わせができるので、多くの場面で、事実上は時計を同期できることを前提に考えられるようになってきた。

前述のビザンチン将軍問題の解も、時計が同期できることが前提になっている。

●CAP定理

分散システムには、もう1つ有名な不可能性がある。CAP定理［参考文献6］と呼ばれるこの定理では、一貫性や可用性に関わるトレードオフ（片側を追求すると、別の側が犠牲になる）の関係が示されており、ＣＡＰという名前は、次の意味をそれぞれ示している。

・Ｃは一貫性（Consistency）
・Ａは可用性（Availability）
・Ｐはネットワーク分断耐性（Partition tolerance）

そして、このうち任意の２つまでなら同時に満たせるのだが、一貫性、可用性、ネットワーク分断耐性の３つともを同時に満たすことはできないとしている（図３・３）。

ブロックチェーンでよく宣伝に使われる「ゼロダウンタイム」は、上記の中ではＡ（可用性）を重視することを示しており、また、分散システムなので、Ｐ（分断耐性）は当然もたなければならない。だとすると、Ｃ、すなわち一貫性が損なわれる時間が生じることを示している。

現実には、それぞれの性質が損なわれる時間をできるだけ短くするように対処する。その意味では、ブロックチェーンも決して銀の弾丸ではなく、分散システムとして当たり前の設計上の手当をしなければならないということである。

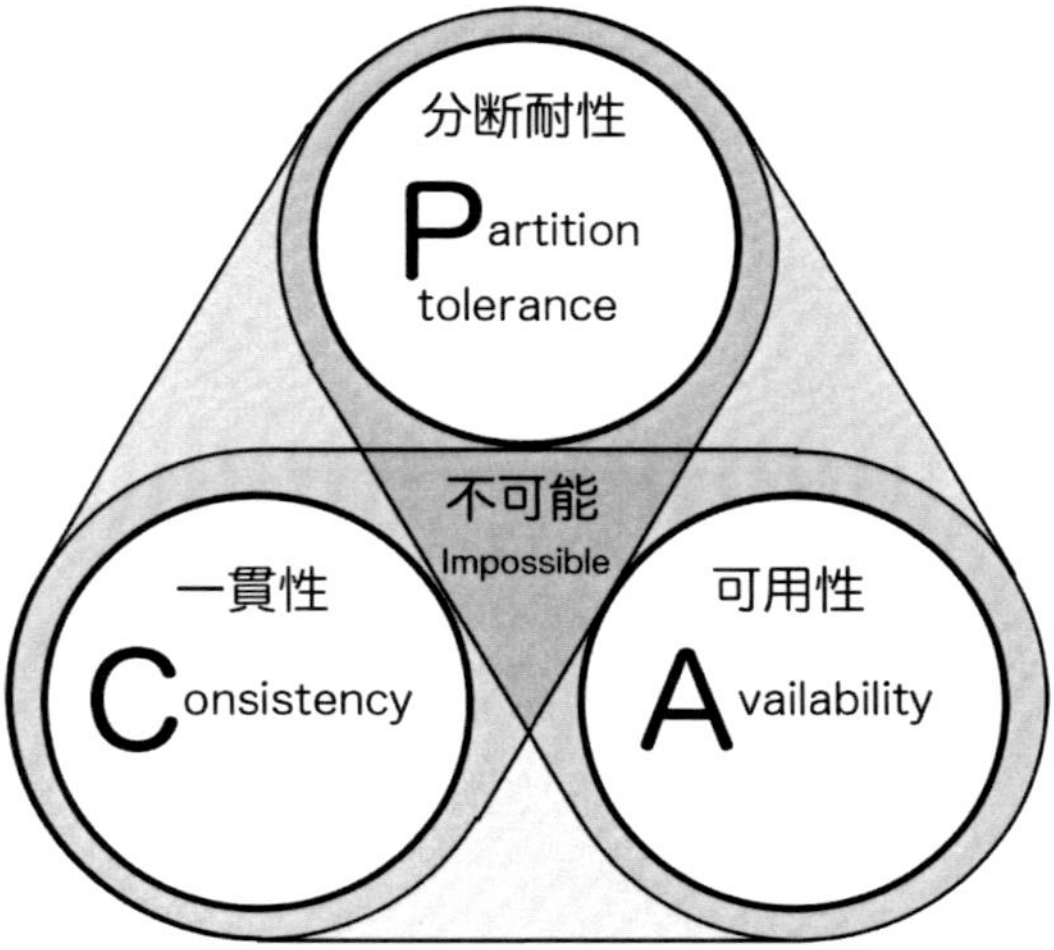

・一貫性、可用性、分断耐性の3つを同時に満たすことはできない。

図3.3　CAP定理（［参考文献6］を参考に著者作成）

●ＣＵＰ――「未知の参加者との合意」の問題は解けるのか？

ＣＵＰ（Consensus with Unknown Participants）は、未知の参加者との合意を表す。ビナインな障害に対処できることを目指す場合、ＦＴ-ＣＵＰ（ＦＴは、Fault-Tolerance の略）、ビザンチン障害に対処できることを目指す場合、ＢＦＴ-ＣＵＰ（ＢＦＴは、Byzantine Fault-Tolerance の略）とそれぞれ呼ばれる。ブロックチェーンはＢＦＴ-ＣＵＰに向けた取り組みと見ることができる。前述のとおり、ブロックチェーンではコンセンサスは実現できていないのだから、実際にはブロックチェーンによってはＢＦＴ-ＣＵＰは解けていない。

それどころか、おそらくＣＵＰは解くのが不可能な問題なのである。これから会う知らない誰かについて、ふるまいを云々できないし、そもそも何人いるかもわからない中で、多数決などによる合意は作れないからだ。

ビットコインのブロックチェーンでは、この問題に対して、計算力で投票するという考え方を示したと言える。しかし、世界の計算力にわかりやすい上限があるならよいが、そうではないので、一度得られた合意を不動な状態に維持することは不可能だと考えられる。

だとすれば、ブロックチェーンが実現するとされていることは、不可能なのだろうか。私はそうは思っていない。そもそも「空中に約束を固定する」ことを実現するために、ＣＵＰ

に取り組む必要はあるのだろうか、ということから問い直さなければならないのではないか。ゼロベースで（これまで積み上げられた前提や設計は、いったんなかったことにして）問題に向き合えば、必ず解はあるはずだと私は考えている【注03】。私には、ブロックチェーンについては、問題そのものの設定の仕方に難があるのだと思えてならない。

人工知能とビザンチン障害

冒頭のショートSFで、エチカは「人工知能は社会におけるビザンチン参加者」だと語った。ここまで読み進めた読者のみなさんには、それがどういう意味なのかがおわかりいただけるのではないだろうか。

つまり、人工知能は、何をしでかすかわからないということである。

人工知能は、それが高度に（つまり、汎用に）なればなるほど、人間が作ったルールを守るという保証を得るのが難しくなる。守るように作ればよいと思うかもしれないが、システムを作るという行為自体を人工知能に委ねていく中で、いつまで人間の意図どおりに動いてくれるかは保証の限りではない。

その意味で、人工知能は社会におけるビザンチン参加者なのだ。

それが実際に問題になるのは、少し未来の話だとしても、機械学習されたニューラルネットワークを社会が広く利用し始めている今、やはり考えておかなければならないことがある。ディープラーニングなどの技術では、機械は素直に学習するだけなので、意図どおりの学習データで学んでいないとしたら、意図した範囲ではない動作をするかもしれない。したがって、どんなデータを利用して学習したのかを記録に留めていく必要も出てくるだろう。

人工知能をできるだけブラックボックス（中身がわからない仕組み）にすることなく、どうやってうまく人間の監視下に置くかが課題になるのである。

人工知能の優位性を損なわないように、実質的に何のしばりもかけずに、その行動をしばることができるか。それが人間に無理だとしたら、人工知能が人工知能を相互に監視するように設計しなければならないだろう。すると、人工知能によっても覆せない、何らかのよりどころが必要になってくる。そこで、「空中に約束を固定する」機能が活きてくる。

ただ、そのためには、技術が正しく機能するための前提を維持しなければならない。例えば、ビザンチン将軍問題については、ランポートらによるオリジナルの解では、時計が同期されていることに加え、通信路に条件があった。すべての将軍が、他のすべての将軍に直接、伝令を送れる必要があるのである。

すべての技術には、そんなふうに前提条件がある。その条件が破られたとき、そのことを検出できる仕組みも必要になるだろう。

この章のまとめ

この章では、デジタルな分散システムで信用が具体的にどのように扱われているかを、有名な「ビザンチン将軍問題」を例にふり返った。

・「ビザンチン将軍問題」は、障害の種類に前提を置かず（＝ビザンチン障害）、裏切りなども可能性に含まれている場合に合意が達成できるかという問題で、参加者の数と、裏切り者の最大の数が決まっているとすれば、ある条件の下で解ける。
・「ビットコイン（のブロックチェーン）が初めて実用的にビザンチン将軍問題を解いた」というのは誤り。
――ビザンチン将軍問題の実用的な解は、20世紀末から存在する。

――ブロックチェーンが解こうとしている問題は、参加者の数が特定できない場合なので、不可能への挑戦になっている。

――ブロックチェーンが可能にするとされることを本当に実現する技術を作るためには、不可能への挑戦にならないように「問い」を立て直して、ゼロベースで設計をやり直す必要がある。

・分散システムには、例えば「一貫性」「可用性」「分断耐性」の間にトレードオフがあって、何でも実現できるわけではない。

――何でもできるかのようなセールストークには、だまされないようにしなければならない。

・今後、人工知能が社会の仕組みの中でビザンチン障害を引き起こすことは考慮しておかなければならない。

【注01】1999年に国際会議で発表され、2002年に正式に論文化されている。

【注02】フィッシャー（Fischer）、リンチ（Lynch）、パターソン（Paterson）により、1985年に発表された。

【注03】筆者らは、ブロックチェーンのさまざまな技術的な課題にゼロベースで取り組む Beyond Blockchain One（BBc-1）

というプロトコルおよび参照ソフトウェアをオープンソースで開発しており、２０１７年10月31日にバージョン０・７を公開した。

第4章　ブロックチェーンの可能性と不可能性

応用可能性が花開いた

多くの課題を抱えながらも、ブロックチェーンを応用する試みはすでに始まっている。

英国のスタートアップ企業、エバーレッジャー（Everledger）では、同名の電子台帳で、ダイヤモンドのトラッキングにブロックチェーンの技術を応用している。ダイヤモンド業界には、一部の商品が市場に出まわるのを止めたいという事情がある。ブラッドダイヤモンド（紛争ダイヤモンド）と呼ばれる種類の商品は、内戦地域で産出され、外貨を得て武器を購入するのに使われ、それによって紛争が長期化・深刻化するという問題がある。この問題に取り組むべく、一部のダイヤモンドには、通常は留め具などによって隠される部分にシリアル番号が刻印されている。エバーレッジャーでは、シリアル番号やその他の特徴を利用して個々のダイヤモンドを特定し、ブロックチェーン上の記録として留めて、トラッキングする。

ビットコインなどのブロックチェーンにそうした記録を逐一書き込んでいくと、コストがかかってしまうので、実際にはエバーレッジャーでは毎回ブロックチェーンに書き込んでいるのではなく、一定期間の記録をまとめて、その代表値となるダイジェストを埋め込んでいると考えられる。

こうした仕組みは、一度作ってしまえば応用が効く。エバーレッジャーでは、今度はワインボトルのトラッキングにこの仕組みを応用し、新たな展開を始めていると聞く。何十万円とするワインボトルについては、偽物が多く出まわっているが、ブラッドダイヤモンドと同様、問題の商品を市場から排除できる効果が期待される。

こうした例も含め、ブロックチェーンのように「空中に約束を固定する」ことが、不完全ながらもできてくると、公共財の管理への応用が期待できるようになる。ただ、公共財とは何か、ということを整理しておく必要はあるかもしれない。何かが本当に私財であれば、法的には、その財を私有している人が処分できる。すなわち、廃棄したり、焼却したりできることになる。ところが、例えば著名な画家による絵画は、誰かに所有されていたとしても、その所有者が亡くなったときにいっしょに棺桶に入れて埋葬するようなわけにはいかない。人類全体にとって価値あるものだからだ。

そんなふうに、絵画や、そしてダイヤモンドもそうだが、消費されて価値を失うことなく、人から人へとめぐっていくようなものには広い意味での公共財としての性質があると言ってよいだろう。土地や建物、あるいは乗用車など、中古での取引がされるものにはすべてそうした性質がある。

続々と行われる実証実験――醒める狂騒

2017年現在、多くの企業がブロックチェーン技術の応用に関わる実証実験に乗り出している。地域通貨を含む送金、貿易、証券、不動産などの広い意味での金融分野もあれば、電力や食品トレーサビリティなどの非金融分野もある。いずれにせよ、社会の中ではインフラの領域に適用されていると言えるが、そうした実証実験からは、期待されたほどのコスト減にならないなど、厳しい結果も出ている。

なぜそんなことになるのだろうか。

●実運用のレベルに達するのか?

食品トレーサビリティを例に考えてみよう。IBMは、後述するように、ブロックチェーンのもつ技術的な課題を乗り越えるべく、自ら新しい基盤を開発しているプレーヤーの1つだが、ウォルマート、ドール、ネスレなどの食品関連の大手企業と協力して、食品サプライチェーンにおけるトレーサビリティを実現する取り組みを始めている。食材を生産者から加工業者、輸送業者、卸売業者などの中間業者、そして小売店に至るまでトラッキングできると、産地偽装などの問題の解決につながることに加え、食品の汚染が発覚したようなときにも、衛生管理当局による原因究明が容易になることが期待される。そして、こうしたトラッキングにブロックチェーンの技術はうってつけのようにも見える。

しかし、イメージしていただければわかると思うが、食材に記録を紐づけるということ自体に課題が多いのだ。食材をトラッキングしていくためには、食材を個体ないし個体群として識別できる必要があり、識別子を割りふるなどして、その識別子と食材とを結びつけなければならないのだが、どのようにすればよいのだろうか。

仮にそのことを、QRコードが印字されたり、無線ICタグが埋め込まれたりしているシールを、食材の入った袋や箱に貼ることによって行ったとしよう。もし、そのシールが剥がされ、貼り替えられたらどうするのだろうか。1つには、剥がされたら跡が残るシールにするという施策がある。では、袋や箱が開封され、中身が取り替えられたらどうするのだろうか。やはり同様に、開封されたら跡が残る容器にするという方法で検出可能にできる。では、加工業者が食材を製品の材料として仕入れ、加工した後、新たな食材として出荷する場合は、どのように記録の正しさを担保するのだろうか。その業者の努力や信用に還元せず、あくまで証拠を残していくためには、加工のプロセスを自動化していくことや、さらに、監視カメラにより工場内でのプロセスを記録に残し、膨大な量の動画から人工知能のアシストによって不正を検出可能にするなどの仕組みが必要になっていくだろう。

おそらく、そうした仕組みを作り、動かしていくコストのほうが、トラッキングされた記録自体をブロックチェーンなどにより維持していくコストよりもはるかに大きいはずだ。

また、第1章では、ブロックチェーンに記録することを「新聞に載せる」という隠喩で説明したが、多くの実証実験では、ビットコインのブロックチェーンのようにパブリックなものではなく、プライベートな空間を定義する技術を用いているため、隠喩としては「社内報に載せる」あるいは「業界紙に載せる」といったレベルになる。もちろん、実験だと考えればコントロールされた環境で行うのが当然であるし、意義があるとも言えるが、実運用が同じ形態のままだったとすると意味のない例も多い。

仮に、食品トレーサビリティの記録が、トレーサビリティのサービスを提供する企業の社内報に載るというレベルで提供されたとしよう。問題になるのは、まずは、その社内報（プライベート・ブロックチェーン）は消費者からアクセスできるのか、ということである。また、アクセスできるとして、その社内報の正しさはどのようにして、どの程度、担保されているのか、という問題も出てくる。

もし、その社内報が消費者からアクセスできないのであれば、食品トレーサビリティの情報については、その企業の言い分を信じるかどうかの問題に還元される。内部で社内報に載せるようなことをやっていたとしても、特に意味はない。余計なことをやっている分、コストがかさむだけになってしまう。

一方、その社内報が消費者からアクセスできたとしても、掲載されている記録の正しさがどの程度担保されているかは、大いに疑問となる。媒体としての規模が小さいのだから、書き換えはたやすいと考えられるからだ。

以上のような、物理的な実体との紐づけや、記録システムとしての信用の問題は、私が改めて指摘するまでもなく、さまざまな事例を通して次第に知られるようになってきており、今後、狂騒は醒めていくだろう。

●ありがちなパターンと、目指すべきパターン

ただし、別の視点から見れば、現在は知見が蓄積されている最中だと言える。実証実験に関して、企業側から出ているアイデアの多くは、実際には分散システムの用語で言う「複製テクニック（レプリケーションテクニック）」で対応できる。障害が発生してもシステムを動かし続けたいという「耐障害性」が論点であり、まさにビザンチン将軍問題、あるいはビナインな障害の発生を前提にしたコンセンサスの問題の解決が求められているからである。

それについては、前世紀から脈々と続いている従来の分散システムの研究成果が見直されるべきであり、グーグルなどの「倉庫コンピューター」（倉庫を満たすほどの数の機器群の協調動作による分散コンピューター）から学べる点も多いだろう。

しかし、そうした話は、そもそもブロックチェーンが何であるか、よく理解を得ないままに、自分たちがよく知っていることに引きつけて「解釈」することにより発想されている応用なので、既存の仕組みで実現できるし、物事を根本から変えるようなインパクトを持ち得ない（まさかまだやっていなかったのならば、やってみれば改善するでしょう、といった程度である）。

そもそも、物事を根本から変える必要があるのか、なのだが、日本のように、ある程度の便利さが享有されてしまっていると、変化など起きなくてもよいと思ってしまう人も多いかもしれない。しかし、それでは世界の他の部分が変化したときや、急激な地球環境の変化などが起きたときに、簡単にやられてしまう。

もちろん、物事を根本から変えるような応用も実際に考えられる。もし、読者のみなさんにやりたいことがあって、「空中に約束を固定したい」ということにその問題を変形できるならば、ブロックチェーンやその他の分散レッジャーの出番となるだろう。

それではいったい、どんなことが可能になるというのだろうか。

人類史に残る新しい会社の出現

読者のみなさんは、「人類史に残る会社の例は？」と聞かれたら、何と答えるだろうか。

私は、おかげさまで、ブロックチェーンに関する多くの講演の機会をいただいている。その中で、時間が許す限り聴衆に聞いているのが、この質問である。

すると、「フォード」や「アップル」といった、現存する有名な一連の会社に混じって、必ず「東インド会社」と答える人がいる。「ずいぶん古い会社の例ですね」と言うと、会場の人たちは笑うのだが、それこそが私の求めていた答えだ。「東インド会社」であれば、必ず歴史のテキストに載る。人類が仮に30世紀まで生きながらえたとして、おそらくそのときにも歴史のテキストに載っているだろう。

なぜそんなことが言えるのだろうか。それは、この会社が、初の株式会社だからである。1600年に設立された「イギリス東インド会社」など、一連の東インド会社は、当初は異なっていたのだが、すぐに株式会社の形態を採るようになった。

現在、人類史に残っている会社は、現在の会社の形態の起点となる会社なのだ。

すると、次に人類史に残る会社がどういう性質のものかも、おのずとわかってくる。現在の会社の形態を時代遅れにする会社のはずだ。新しい種類の会社の起点と言ってもよい。

東インド会社の例であれば、遠方に新しい貿易のフロンティアを得て、事業を起こしたいときに、資金を集める必要があり、そのためのインセンティブとして株式というものが発明されたと考えられる。これは、貨幣経済における1つの到達点だろう。

それに代わる、新しい方法が現れることは、おそらくは、今後、貨幣経済が衰退していくだろうトレンドともマッチする。資金を集めなければ何もできない、ということから脱却していくのである。

そして、その新しい方法は、すでに生まれていると言えるのかもしれない。DAO（Distributed Autonomous Organization）である。

DAOでは、まず、コード（＝組織の事業を記述するルール）を空中に固定する。そのエージェントとして従業員たちが働く。経営は自動化されているので、経営者は存在しない。これがDAOなのだが、特に企業体を表す場合には、DAC（Distributed Autonomous Corporation）という用語もある。Distributed（分散）の代わりに、Decentralized（非集中、分権）を使う向きもあるが、括弧の中が本来の訳語なので、前者のほうが適していると私は考えている。

DAOは、単なるアイデアなのだろうか。それとも、すでに実現可能なのだろうか。実は、ビットコインがDAOの一種であるという見方がある。例えばコインを株式、コインを所持するユーザーを株主だと思えば、確かにビットコインのシステムは株式の移転を業とする何らかの組織とみなせる。従業員はマイナーたちである。その労働の報酬は株式の一部をもらうことで得ている。もちろん、その実現のための技術を維持している開発コミュニティはあるわけだが、動いている仕組みとしては、誰も経営していない。

こういうものが出てくると、事業に必要な資金の調達を賄うという、金融の位置づけそのものすら変わってくるだろう。

地球規模オペレーティングシステム

ここで改めて、金融とは何か、ということに立ち返って考えよう。金融とは「経済の貨幣的側面」と考えられる。そして金融は、今後、デジタル技術のインパクトを真正面から受けることになる。

3Dプリンティングや人工知能をも含むデジタル技術の深化とその社会的受容とによって、経済における生産・流通・消費の各局面においてコストが下がり、個人ができることの強化や人間の協働が促進され、金融がその機能により実現していたことを、より目的に沿って直接的に（すなわちバーターや贈与で）達成できるようになると、貨幣の力が相対的に低下する。また、従来から存在する信用システムも新しいバーターシステムの拡大による浸食を受けることになる。

機能面から見ても、今後の貨幣や信用システムの衰退は明らかというわけだ。したがって、新しい経済の尺度は貨幣の他に求める必要が出てくるだろう。

そこで、いかなる経済社会にとっても共通だと考えられる概念として、「富」とは何かを考えてみよう。前述のフラーは、著書『宇宙船地球号操縦マニュアル』の中で、「富とは、ある数の人間のために用意できた未来の日数である」と定義している。「富＝人数×時間」ということだ。この富を大きくする要素は、①物質・エネルギー、②知識である。すなわち、資源・エネルギーの確保と、知識によるその効率的な利用とを推進することで、より多くの人々を、より長く生きながらえさせることができる。この富が、必要とされるところにあまねく行き渡るようにすることこそが、新しい経済の仕組みとして必要になるだろう。

そのための基盤をどのように作ればよいかという問いに対し、私は仲間らとともに、過去にこの課題をコンピューターシステムおけるオペレーティングシステムとのアナロジーで捉え、２００７年頃に地球規模OS（オペレーティングシステム）［参考文献20］という考え方を提唱した（図４・１）。この考え方では、地球をハードウェア、経済活動をアプリケーション（応用ソフトウェア）、人間をユーザーとみなしている。

地球規模OSという提案は、地球というハードウェアの資源を人々がどのように協調的に使っていけるか、という問いの構造をもつ。

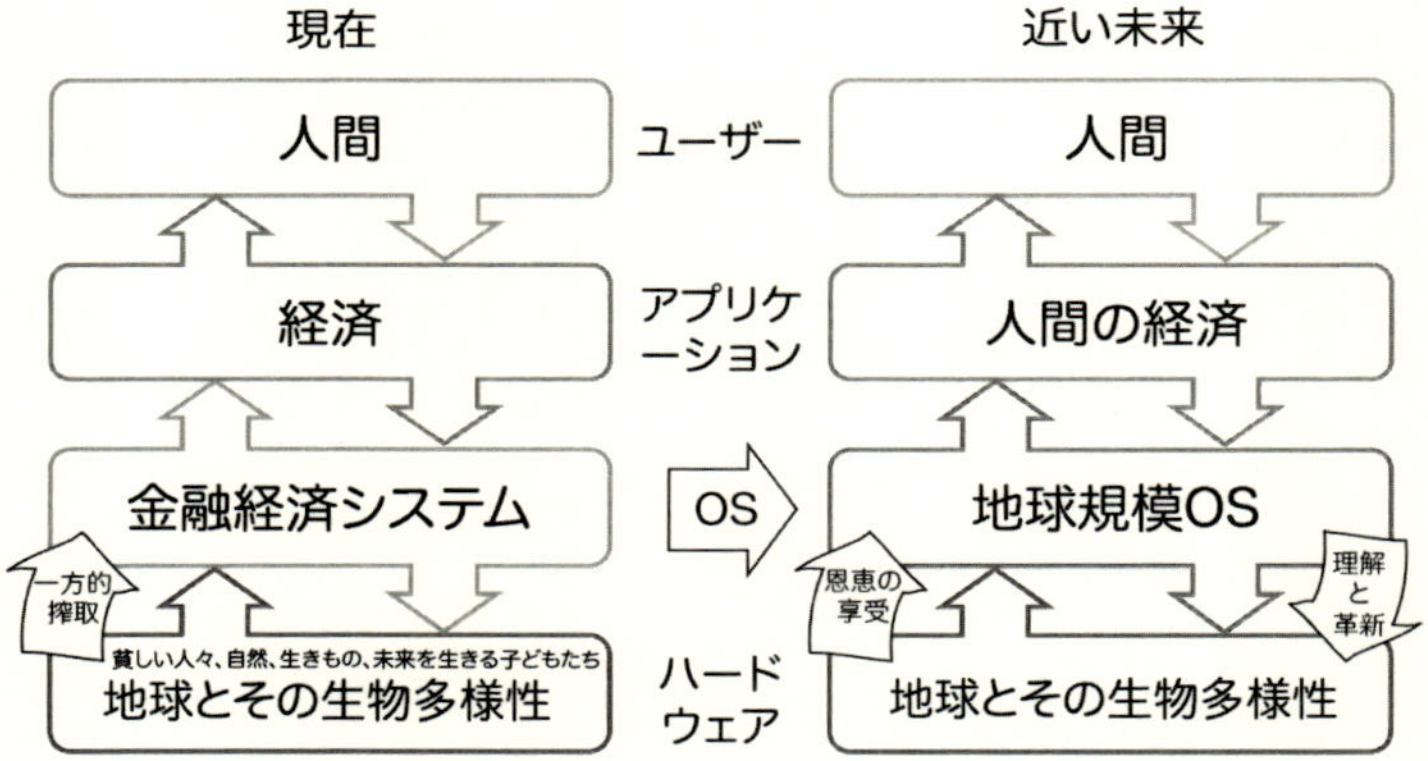

図4.1　地球規模OS（［参考文献20］を参考に筆者作成）

OSは一般に、アプリケーションのフレームワークを定義し、その実行環境を提供するプラットフォーム（基盤・基礎部）であり、アプリケーションに共通な機能のためのインターフェースを提供する。現代の貨幣経済において、経済活動は事業として経営される。事業経営のための資金調達や決済などの標準化された機能をもつ金融は、まさに経済活動のプラットフォームと呼ばれるにふさわしい環境を提供しているが、同時に格差の助長など多くの世界的な問題の根本的な要因ともなっている。

地球規模OSは、コンピューターのOSと同様に、ハードウェアたる地球がもつ、天然資源、人工物、人の能力、ソフトウェアといったあらゆる資源を、必要なときに、必要とされる場所に届ける調整を行う仕組みである。その実現のためには、決済とアカウンティングの仕組みと、経済活動をアプリケーションとして記述するためのプログラミング環境が必要だと私たちは考えた。

もちろん、壮大すぎる概念ということもあり、この考え方は多くの人々に受け入れられたわけではない。しかし、最近になって、ブロックチェーンの分野で同じような考え方が出てきた。

イーサリアムの挑戦

イーサリアム（Ethereum）［参考文献1］【注01】は、2013年、当時若干19歳の若者、ヴィタリック・ブテリンにより提唱された。

イーサリアムは、ブロックチェーンの多くの課題に対する取り組みを実装しているが、加えて、ブロックチェーンにプログラムを書き込めるようになっている。それがスマートコントラクトと呼ばれているものだ。

イーサリアムの発想はこうである。例えばビットコインは、抽象的に考えると、各ユーザーのBTC残高をシステム全体の状態として維持しているとみなせる。そして、新しいブロックがチェーンに追加されると、その中に格納された取引を逐次適用していくことになるが、それはすなわち、誰かから誰かへの送金の集合なので、結果として一部のユーザーのBTC残高が変わり、システム全体の状態が変化することになる。このように、状態を維持するシステムで、イベントによってその状態が変化していくようなものをコンピューター科学では「状態マシン」と呼ぶ。ブロックチェーンは状態マシンだということになる。そして、実はコンピューターとは状態マシンにほかならないので、ブロックチェーンはコンピューターだと言い切ることもできなくはない。イーサリアムは、ブロックチェーン全体をコンピューターとして、その上でアプリケーションを動かせるようにしたものだと言える。

これは、開発コミュニティも自分たちでそう宣言しているように、まだ実験システムであり、実証実験に用いる分には手軽で使い勝手がよいのだが、実際にさまざまなサービスをこの上で動かす試みについては注意が必要だと思う。イーサリアムでは、ブロックチェーンの課題の多くが、まだ解けていないのだ。それらがどんな課題なのかを、次に見ていこう。

ブロックチェーンは「現実」に見合う仕組みなのか？

ブロックチェーンの課題を顕著に示す例として、「ドローン（小型の無人航空機）による自動販売機」を考えてみよう。これは、思考実験としてここで紹介するが、実は現実に作ってしまった人がいる。

浜辺で、ドローンが缶ジュースを運んで旋回しているところをイメージしてほしい。缶ジュースに加え、そのドローンからは、QRコードで記されたビットコインアドレスも吊されている。喉が渇いた人が、スマホを使って、そのアドレス宛にビットコインで支払うと、缶ジュースが落とされて、飲むことができるという仕組みだ。

さて、ドローンはいつ缶ジュースを落とせばよいだろうか。

支払いが確認できたら落とせばよいだろうと、読者のみなさんは思うかもしれない。では、それはいつだろうか、という問題だ。実は、この問題に対する簡単な答えはないのだ。

スマホからビットコインで支払うと、取引のデータがビットコインのネットワークを流れていく。ドローンを飛ばしている業者も、ネットワークに参加しているだろうから、その取引のデータをいずれ受け取ることになる。

そうしたら、落としてよいのだろうか。

いや、もしかしたら、支払った人は悪者で、同じコインを自分宛に送る別の取引のデータを同時にネットワークに流しているかもしれない。もし、そちらのほうがブロックに組み込まれたら、そちらが有効になり、業者は代金を受け取れなくなる。

ならば、ブロックチェーンの最後のブロックに、支払いの取引データが格納されたことを確認すればよいのだろうか。

いや、ブロックチェーンの動き方を思い出してみよう。もし、同じ番号の別のブロックが作られて、そちらのブロックのほうに、後続のブロックがどんどんつながっていくと、全員によって、そちらの歴史のほうが正しいとみなされる。もしそうなると、支払いの取引データが格納されたブロックの内容はいったんほどかれるので、取引がネットワークに投入された時点と同じことになってしまう。

では、支払いの取引データが格納されたブロックの次に、もう1つブロックがつながったらどうだろうか。ブロックがチェーンの末尾にあったときよりは、追い抜きにくくなったかもしれない。しかし、追い抜かれる可能性はゼロではない。では、また1つブロックがつながったらどうか。追い抜かれる可能性はゼロではない。さらにまた1つブロックがつながったらどうか。追い抜かれる可能性はゼロではない……。

かくして、永遠にドローンは缶ジュースを落とせない。

しかし、この考え方が成り立つのであれば、ドローンが缶ジュースを落とす例だけではなく、ビットコインではあらゆる買い物ができないはずだ。何が間違っているのだろうか。

実は、何も間違っていない。わずかながら、逆転のリスクを抱えながら、ビットコインの利用・応用では支払いが完了したとみなすのである。その基準は、一般には、支払いの取引データが格納されたブロックも含めて、6つのブロックが並んだとき、というもので、これを「6承認（six confirmations）」と呼ぶことがある。

この基準は、考え方としては、悪意をもつ者が全体の10%のハッシュレートをもっていたとして、5つや6つのブロックを追い越していける確率は0・1%未満、という計算にもとづくものである。ところが、ハッシュレートが全体の10%を超えるマイナーはすでに存在しているし、1000回に1回未満という確率は、特段低くもない。

だから高額の買い物をしたときなど、慎重になるべきところでは、6ブロックとは言わず、もっと待ったほうがよいだろう。

さて、これで永遠に待つ必要はなくなったが、平均ブロック間隔が10分間なのだから、6ブロックを得るためには1時間ほど待たなければならない。ドローンが缶ジュースを落とす例では、浜辺で喉が渇いている人は1時間も待てるのだろうか。

実は、この例では1時間も待つ必要はない。

なぜなら、20分から30分もすれば、ドローンがバッテリー切れで落ちるからだ。

というのは冗談だが、笑えない冗談でもある。

実際のところ、ビットコインによる事実上の支払い完了のタイミングをいつとみなすかは、どのようにビジネスを設計するかということによる。ドローンの缶ジュース自動販売機の例の場合は、業者が取引を検出したタイミングで落とさざるを得ない。そうしなければ、ユーザーの感覚としては自動販売機にならないからだ。もちろん、悪意をもつ誰かによって業者がだまされることはあり得る。しかし、それは缶ジュース1本分の損だ。

そのリスクは、ジュースの場合であれば価格に上乗せしたり、もっと高額な商品であれば保険に入ったりすることによってカバーできるだろう。なので、ビジネスとしてはドローンによる自動販売機は実現できる。

そして、そのような取り組みが広く一般の支払いで行われるとすると、既存の支払いシステムは勝つ見込みのない競争にさらされることになる。やはり、ビットコインはディスラプティブ（破壊的）な技術なのだ。

見えてきた課題

とはいえ、缶ジュース1本売るにもある程度のリスクを覚悟して、ということになるなら、この技術にはまだまだ課題が多そうだということもご理解いただけるだろう。以降では、ブロックチェーンについて見えてきた課題を列挙してみよう。

●実時間性

まず、実時間性の問題がある。問題は、ブロック生成が平均して10分間に1回という遅さにあるのではない。むしろ「平均して」という部分にある。確率的に動作しているということは、最遅でどのくらい時間がかかるか、それ以上すぎたらキャンセルとみなしてよいのかといったことが決められない。現実と同期できないということである。

●秘匿性・匿名性

秘匿性の問題もある。全員に向けて検証可能性を担保しようとするので、取引データは暗号化されておらず、万人からアクセス可能な状態に置かれる。

これに伴い、ビットコインでは匿名性が喧伝されるのにもかかわらず、追跡可能性も残されることになる。識別子として用いられている公開鍵のダイジェストとそのもち主がリンクされた途端に、追跡が可能になるのだ。これに対しては、多くの無関係な識別子宛ての取引をまぜこぜにすることにより匿名化するサービス（ミキシングサービス）などもあるが、そのサービスの提供者が信用できるかどうかの判断も含めて、利用には比較的高度なリテラシーが必要だし、完全に匿名にならずに、追跡のコストが高くなるだけである。

●スケーラビリティ

ブロックチェーンにはスケーラビリティの問題がある。それは、よく言われているような、単なるスループットの問題、すなわち、平均すると1秒間にいくつの取引を処理していることになるかとか、その性能をせいぜい数倍に上げるとかいうことではない。

スケーラビリティが、本質的にはどういうことであるのか、ツイッターを例にして見てみよう。

ツイッターのサービスが落ちるとき、ウェブページにはクジラのマークが現れる。処理が重い、ということを表したものだろう。このマークは、過去には、ある条件を満たす日本時間の金曜日の夜になると出現する可能性が高かった。それは日本テレビがアニメ映画『天空の城ラピュタ』を放送する日である。クライマックスの有名な「バルス！」【注02】という台詞を大勢が一斉にツイートするので、ツイッターのシステムに巨大な負荷がかかっていたのである。こうした突発的な要求の拡大に対しても、柔軟にそのときだけノードを追加することで解決できるとしたら、そのときは、システムはスケーラブルであると胸を張って言えるだろう。実際、東日本大震災の際、コミュニケーションのツールとして大事な役割を果たすにちがいないというツイッター社の現場の判断で、サーバーが追加されたため、私たちはさまざまな通信手段が不通になる中、ツイッターはまともに利用することができた。

ブロックチェーンについては、それぞれのフルノード（すべての機能をもつノード）がまったく同じように全体の処理をすることから、時間当たりに投入される取引の数が爆発的に増えたとしても、ノードを追加することでは性能上の課題を解決できない（というか、通信の労力が増えて性能が劣化してしまう）という点が、スケーラビリティの問題としては本質的だと言えるだろう。

ワンネスの罠

課題の列挙を続けよう。ブロックチェーンは「世界が1つ」でないと正しく動作しない。「世界が1つ？ よいことなのでは？」と読者のみなさんは思うかもしれない。しかし「世界が1つ」であることが必須条件なのであれば、システムは実際には分散していないことになり、分散システムのメリットの多くが無効になってしまう。

すなわち、大規模な災害などによって、例えば海底の通信ケーブルが切断され、日本が世界の他の部分と切り離されると、日本の中ではビットコインブロックチェーンは正しく動作できなくなる。「それは当たり前なのでは？」と思われてしまうかもしれないので、分断についてもう1つの例をあげておこう。もし中国が世界の他の部分と切り離されたらどうなるだろうか。ビットコインのハッシュレートは地理的には中国に集中している。というわけで、この場合はむしろ中国以外の全地域でビットコインブロックチェーンは正しく動作できなくなるのだ。

このように、ブロックチェーンの諸問題が「1つであること（oneness）」に起因することを、私は「ワンネスの罠」と呼んでいる。

ブロックチェーンがスケーラビリティをもてない本質的な理由も「ワンネスの罠」にある。取引の処理の要求が全フルノードに複製され、全ノードのそれぞれがすべての取引の処理を期待されるのだから、各フルノードの性能の限界がシステム全体の限界になってしまうのだ。

また、「ワンネスの罠」により、ソフトウェアを改善しにくいという問題も発生する。なぜなら、改善が意図どおりに動くかを検証するためには、実地で試せるかどうかが重要だからだ。一般に、インターネット上の技術は、一部で新しいことを試し、実地で動作を検証したうえで、それを全体が採用していくことにより発展してきた。ところが、ブロックチェーンの場合、実地で一部の参加者が新しい仕様を試すと、ブロックが正しく作られているかどうかの解釈がマイナー間で異なるような状況が生まれてしまう。すると、それぞれが異なる歴史を見ることになってしまい、ネットワークが分断されたのと同じ効果が出てきてしまう。

このことについて、「正しさが証明されているソフトウェアなら変えられないほうがよい」と主張する技術者もいる。私にはそれが信じられない。そのプログラムが、全体を構成する中でのごく小さな部品ならよいかもしれない。変化することが期待されないからだ。しかし、システム全体は、社会の側が変化したとき、やはり変化する必要があるだろう。

この、「変化する必要性」というのは、分散システムとは何か、というところに深くつながっている。それは、自分のほかに「相手がいる」ということだ。相手は、当たり前だが自分の制御下にはなく、勝手に変化するものなのである。

というわけで、ブロックチェーンには、どこかで新しいことを試そうとするために全体が分断されてしまうという恐れがあったが、実際に２０１６年から２０１７年にかけて、まさに「ワンネスの罠」により、技術をどう変化させていくかという点での問題が露見することになった。

ガバナンスの不可能性と露見した問題

●イーサリアムの場合――ザ・ダオ（The DAO）事件

２０１６年、いよいよ本格的に実験を始めていたイーサリアムの上で、「ザ・ダオ事件」と呼ばれる事件が起きた。ダオ（DAO）が「自律分散組織」を意味する一般名詞であるのに対して、「ザ・ダオ（The DAO）」は固有名詞で、ある特定の自律分散的な投資ファンドを指し、その自動的な動作がスマートコントラクトとして記述されていた。このファンドは、日本円に換算して１００億円を超える多くの出資をイーサ（イーサリアムのネイティブ通貨）建てで集めていた。しかし、そのスマートコントラクトのコードにバグがあることが知られていた。

そのバグが２０１６年6月17日に突かれ、日本円にして50～60億円が盗難にあったとされる。今でもよく憶えているが、それは日本時間で金曜日の夜だった。私は日本橋のイベントスペースで講義をしていたが、スマホがビリビリと鳴って、チャットで知人たちみんなが騒ぎ出したのを覚えている。

もし私が関係者だったら、これを刑事事件として扱う道を探ることを提案しただろう。イーサリアムはグローバルな基盤であり、その上で起きた事件をどの国の（あるいは国際的な）警察機構が扱うかは未知の問題である。ちょうどよい機会だから、その方法を探ってみたらどうだろうか、というのが、当時も今も私の考えである。

しかし、おそらくイーサリアムの開発コミュニティやマイナーたちの中にも被害を受けた人たちがいたのだろう。議論はすぐに、当事者として、プラットフォームで何かできるのではないかという方向に傾いた。

1つの案としては、「ソフトフォーク」、すなわち、「後方互換性を保ったままのルール変更」が提案された。具体的には、盗んでいった先のアドレスを凍結するというものである。

この時点で、警鐘を鳴らすべきだったのかもしれないと今は思う。「自分がもっているお金を自由に使うことを誰にも止めさせない」という、そもそものブロックチェーンの存在理由が脅かされることになるからだ。しかし実際には、より過激な提案が出てきた。「ハードフォーク」、すなわち、「後方互換性がなく、すべてのマイナーのソフトウェア更新を要求する対策」である。ハードフォークにより、盗んでいったという事実そのものがなかったことにするというのだ。

多くの批判や議論があった中、コミュニティはハードフォークを選び、事件の翌月となる

7月に実行した。「どこにも管理者がいない」という触れ込みで多くの支持を集めていたプラットフォームで、アプリケーションのバグによる事件の後始末をするだけのために強権を発動させたということなのだから、このことで、多くの人々がイーサリアムに幻滅したと思う。幻滅した人々の中からは、「盗難の事件はなかったとする、このハードフォークはなかった」とする勢力も出てきた。

なので現在、イーサリアムはこのハードフォークがあったとする「イーサリアム」と、なかったとする「イーサリアム・クラシック」に分かれている。これは、同じブロックチェーンから歴史が枝分かれしたものなので、分岐の直後は、それまでにイーサをもっていた人は、イーサリアムとイーサリアム・クラシックの両方とに同じ額のイーサをもつことになった。そんな、ある意味馬鹿馬鹿しいことが、現実に起きてしまったのである。

●ビットコインの場合――ビットコインキャッシュ

2017年8月には、ビットコインについてもハードフォークが発生し、従来の仕様である（後に取引の記述方式を変更するソフトフォークが実施された）「ビットコイン」と、ブロックのサイズをより大きくできる「ビットコインキャッシュ」とに分岐した。

これは、1つにはスループットを何倍かにしたい、という課題【注03】に対して、「取引の記述方式を変更し、より多くの取引を1つのブロックに埋め込めるようにする」方式（開発コミュニティらが主張）と、「ブロックのサイズを大きくできるようにする」方式（一部のマイナーらが主張）という、実際には矛盾しない2つの考え方で分かれたものだと言える。前者には、取引の記述方式に関わるバグを修正する意味合いもあったし、ネットワークに対する要求もあまり変わらないので、より穏当な提案だと言えるだろう。しかし、後者も決して間違っているわけではなく、実地でテストと計測を繰り返しながら変更していけばよい話のように見える。それではなぜ、決裂するようなことになったのだろうか。

マイナーは経済的インセンティブにより主張と行動を決めていると考えられるので、まずは政治・経済的な理由があるだろう。それをいったん置いておくと、これは技術ガバナンスの問題として捉えることができる。先にも簡単に述べたが、インターネットの技術は、一般に次のようにして改善されていく。

アイデアを思いつく

↓実装して実際に試す（一部でだけ動かすトライアル）

↓標準として提案する
↓議論する（試したうえでのファクトにもとづく議論）
↓よい技術のほうが選ばれ、浸透していく

この方法であれば、だめなアイデアは最初に淘汰されるし、標準化に値するかを評価する際には実地で試した結果が出ているので、議論は迅速になる。また、採用するかどうかは、結局は市場に任されることになる。

ブロックチェーンの場合は、「ワンネスの罠」のため、そんなふうに技術を改善することはできず、どうしても次のようになってしまう。

アイデアを思いつく
↓標準として提案する
↓議論する↓議論する↓議論する（延々と続く）
↓決裂する
↓双方が実装して実際に試す（事実上、不可逆な変化）

↓市場に委ねられる

最終的に市場に委ねられるのは同じだとしても、ブロックチェーンでは、変化は基本的に不可逆なわけで、試してだめだったらどうするのだろうか。もちろん、みんなが実用に用いているネットワークでいきなり試すのではなく、まずはそれとは独立して動いているテストネットで試すのだが、テストネットも公共のものなので、不可逆な変化を起こすとなると、既存のもので簡単に試すわけにはいかない。簡単に試せないとなると、どうしても議論が先行する。この議論の際には、実際に動かしたらどうなるのかを評価するための十分なデータが揃っていないので、どうしても意見の相違で議論が引き伸ばされることになってしまう。すると、技術として適切なタイミングで妥当な変化を起こしていくことが困難になる。

応用のインセンティブ不整合性

最後に、私がもっとも重大だと考えている課題を紹介しておこう。

ブロックチェーンには、それがベースとしている通貨（ネイティブ通貨）の価格が暴落することで、すべてのアプリケーションが停止してしまうおそれがある。

どういうことだろうか。

マイナーたちは電力のコストをかけて参加している。そのコストは、ネイティブ通貨により報酬を得られることにより賄われているため、長期的には、トータルな電力コストと報酬とがバランスする。先に述べたように、これがネイティブ通貨の価格の限界費用仮説［参考文献10］である。

このことは、ビットコインでは、2016年7月にマイニングの報酬がそれまでの25BTCから12・5BTCになった、いわゆる「半減期」の前後で、BTCの価格が実際に2倍になったことで裏づけられたとも言える。もちろん、半減期を迎えたら必ず価格が2倍になるということではなく、マイナーたちが撤退せずに半減期を乗り越えるには価格が2倍になるしかないので、システムを維持したい人たちが買い支えたということだろう。

さて、それではもし、BTCの価格が暴落したらどうなるだろうか。

それは、マイナーがマイニングのコストを報酬により賄えなくなることを意味する。すると、最初は一部のマイニング用ハードウェアの電源を落とすようなことから対応が始まると思うが、暴落が収まらないようなら、マイナーの撤退が始まるだろう。いずれにせよ、全体のハッシュレートが下がっていく。それにはターゲットの調整は追いつかないだろう。すなわち、ビットコインの場合は２０１６ブロックごとにしか調整が行われず、平均ブロック間隔が延びていくことになる。するとその分、２０１６ブロックに達するまでの時間も延びていくことになり、平均ブロック間隔が間延びしている期間が長くなる。そうなってくると、６承認といってもなかなか進行しないので、不便に感じるユーザーが離れていく。すなわち、ビットコインを売る動きが出てくる。すると価格はますます安くなる。このスパイラルが発生すると、止めることはなかなかできないのではないか。

そのままなす術もなく、ブロックチェーンは事実上、停止してしまうかもしれない。

ビットコインの場合、実はこのことは設計に組み込まれているとも言え、アプリケーション（すなわち、ビットコインの送金）に対して整合的である。なぜなら、このことは「みんながビットコインを不要だと思うと、ビットコインが止まる」ということを示しているからである。

イーサリアムの場合や、ビットコインでもＢＴＣの送金以外の応用をしている場合は、このことは致命的になる。すなわち、「イーサやＢＴＣが暴落すると、すべてのアプリケーションが止まる」という事態になってしまうのだ。もちろん、アプリケーションを動かすためにもイーサやＢＴＣは必要とされるので、アプリケーションを動かしたい人々によりそれぞれの通貨が買い支えられる可能性は残されている。しかし、そうしたユーザーにとっては、通貨の価格は安いほうがよい。一方、マイナーにとっては通貨の価格は高いほうがよく、実際に高いうちは競争によりマイニングのターゲットが引き下げられてしまうので、ひとたび、通貨取引のマーケットで何らかの異変が起き、価格が暴落してしまうと、システムの動作に支障が生じてしまうのである。

新しい基盤作りへ

こうしたさまざまな課題が未解決のまま残されているので、現状のブロックチェーンはまともなプラットフォームではないと多くの人々が思っている。それが、応用が実証実験のレベルからなかなか先に進めない理由の1つでもあるだろう。

しかし、「空中約束固定装置」としてのブロックチェーンの機能には期待がある。そこで、その期待に応えるための新しい技術の開発がすでに進んでいる。

大きな流れとしては、リナックスファウンデーション【注04】のプロジェクトである「ハイパーレッジャー（Hyperledger）」がある。これは分散レッジャーの名前ではなく、むしろオープンソースでさまざまな分散レッジャーの開発を進めていくためのガバナンス機構である。

ハイパーレッジャーでは、ＩＢＭとデジタルアセット・ホールディングス社が初期ソースコードを提供した「ハイパーレッジャー・ファブリック（Fabric）」、インテルが初期ソースコードを提供した「ハイパーレッジャー・ソートゥース（Sawtooth）」、日本のスタートアップ企業であるソラミツが初期ソースコードを提供した「ハイパーレッジャー・いろは（Iroha）」などの開発が進行しており、これらのすべてがインキュベーションのステージを終え、アクティブとなっている。これらの特徴は、基本的にプライベートな「空中」を想定しているということである（ソートゥースは、パブリックな「空中」にも対応するとされている）。

また、「エンタープライズ・イーサリアム・アライアンス（Enterprise Ethereum Alliance）」という団体も設立された。イーサリアムを企業の事業に応用できるような知識の確立を目指しており、強固なガバナンス、アカウンタビリティ、透明性、個々の産業におけるユースケースなどが追求されていく予定だ。

金融分野では、「R3」というグローバルなコンソーシアムで「コーダ（Corda）」と呼ばれる分散レッジャーが独自に開発されている。このコンソーシアムには、日本からも3大メガバンクを含む多くの金融系企業が参加している。

ただ、こうしたプラットフォームには決定打がなく、まだまだ新しいプレーヤーが登場できる余地がある。

私も、既存のブロックチェーンの課題を指摘するだけではなく、実際にそうした課題を解決する新しい技術を「ビヨンドブロックチェーン」と呼び、「ビヨンドブロックチェーン・ワン（Beyond Blockchain One：BBc-1）」と名づけた分散レッジャーを仲間らとともに設計し、オープンソースで開発中である。

そして、いろいろと課題を指摘した私がこう言うのもなんだが、技術として出始めた今、オモチャのようなものだからといって、侮ってはならない。漫画『ドラゴンボール』を読んだことがある人なら、サイヤ人である悟空の尻尾が弱点だった時代は、彼の（サイヤ）人生のほんの短い期間にすぎないことを知っているだろう。

何かが弱点だとわかっているような状況では、意外なほど早く、その弱点は克服されていくものなのだ。

この章のまとめ

この章では、ブロックチェーンについて取り沙汰されている可能性と、その可能性を追求していくうえでの諸々の課題について見た。

・特にトレーサビリティについて、ブロックチェーン技術の非金融の応用はすでに始まっている。
・しかし、例えば食品トレーサビリティ1つとっても、ブロックチェーン技術自体に課題が山積なことに加え、食材と識別子とを信頼できるかたちで紐づけることに多くの課題があり、簡単ではない。
・一方で、企業や起業のあり方自体が、DAO（自律分散組織）というかたちで根本から変わっていく可能性がある。
・ブロックチェーンの課題には次がある。
——実時間性の課題：動作が確率的で、実時間で進む物理プロセスと同期できない。

——秘匿性の課題：万人への検証可能性を担保するとデータが丸見えになってしまう。

——ワンネスの罠：負荷分散ではなく、複製をしている。
＊スケーラビリティが本質的な意味で欠如している。
＊ネットワークの分断に弱い。
＊技術の進化のガバナンスが困難。
——インセンティブ不整合性：アプリケーションがネイティブ通貨の暴落のとばっちりを受け、すべて止まってしまう可能性がある。
・諸々の課題を解決すべく、新しい基盤作りが進行中である。

【注01】英語ではむしろ「エセリウム」に近い発音となるようだが、日本語では「イーサリアム」が定着している。

【注02】「バルス」とは滅びの呪文である。『天空の城ラピュタ』には「飛行石」という架空の物質とその八面体の結晶が出てくるが、実は「イーサリアム（Ethereum）」の語源も架空の物質の名前であり、そのロゴは八面体である。

【注03】ビットコインブロックチェーンは本質的な部分でスケーラブルではないのだから、ここで問題になっていることを、喧伝されているように「スケーラビリティの問題」と呼ぶことはできないと私は考えている。

【注04】フリーのオペレーティングシステムであるリナックス（Linux）の利用の促進を目的とする組織。

第5章「信用」の新世紀——社会はどこに向かっていくのか

「貨幣経済は衰退しました」のリアリティ

本書ではこれまで、ブロックチェーンという特定の技術を中心に、その可能性や課題について検討してきた。また、社会における貨幣と信用の変遷についても見てきた。

では、社会はこれからどこに向かっていくのだろうか。まず、その一例を示したつもりで書いた、冒頭のショートSF「貨幣経済は衰退しました」にはどれくらいのリアリティがあるのか、ここで検証してみよう。

あの物語で描いた変化が実際に起きていくためには、ブロックチェーンという技術自体が、テレビにとってのブラウン管がそうであったように、新たな技術で置き換えられ、過去のものになっていく必要はある。かつ、ブロックチェーン以外のテクノロジーがどのように進化し、どう絡んでくるかが重要となることは、まずは強調しておきたい。

「貨幣経済は衰退しました」の主な舞台は２０４８年の銀座で、ぎりぎり今世紀前半であることに加え、いわゆる「シンギュラリティ」が予想される時点以降を描いている。シンギュラリティとは、一般に「特異点」のことであり、当たり前だと思われている法則が成り立たない点のことだ。最近の文脈では、1つの人工知能の性能が全人類の知能の合計を凌駕する時点を表す言葉としてよく用いられていて、ここでもその意味で使っている。

そんな超絶的な時代だったら、何が出てきてもおかしくないと思うかもしれない。だが、「貨幣経済は衰退しました」は、多くの注釈が示しているように、実は現在までに検討されていない技術は出てこないように書かれている。あの物語の中で現在と比較して変化しているのは、実はむしろ、そうした技術を実際に受容したことによる社会の側なのだ。

私は、昭和30年代の最後の年（最初の東京オリンピックの開催年：1964年）に生まれた。それ以降の社会の変化は、つい最近に至るまで、特に日本ではなだらかだったと思う。例えば、私が1970年代に小学校で受けた教育と、その約45年後、この原稿を書いている時点で小学3年生の私の息子が受けている教育には、根本的な違いはない。同じように先生が黒板を使って授業をしていて、漢字の書き取りをしたり、計算問題を解いたりしている。

だが、おそらくは、2017年現在、日本の社会は小学校教育を根底から変えずに済ましていられる限界をすでに超えてしまっているのでは、と強く感じている。

私は、たまたま2000年から大学院にてデジタル通貨の研究を始めていた。最初は長年にわたり無視されたり馬鹿にされたりしていたのだが、ここにきて、急にまじめに話を聞いてくれるようになったというように、自分の発言が受容される度合いが変わっていくことの体験を通して、社会の変化を容易に自覚できた。その実感として言えることは、社会は一定のペースで変化しているのではなく、エクスポネンシャル（指数関数的）に変わっているということだ。これまでは、変化はなだらかだったかもしれないが、これからは急激な変化が訪れることになる。

ビットコインが誕生してから、広く社会に認知されるまでに5年程度。ブロックチェーンを使うかどうかにかかわらず、同様の技術を使えば、多様な通貨を自由に生み出せることに気づき、例えば日本のメガバンクがそれを実際に運用し始めると宣言する【注01】に至るまで、それから3年程度。ここまでが現在に至る状況である。

第2章にも書いたが、今後、実際に多様な通貨が日常的に使われることを目的として発行されると、どの場面でどれを使うのがお得なのか、貨幣の使用にまつわる判断が煩雑化すると予想できるので、その判断を自動化することに商機が出てくる。それを技術的に可能にする、銀行のＡＰＩ開放はすでに進行中だ。また、アマゾン・ゴーのような、レジを通ることさえ不要な決済方法が出てくると、その経験内容を維持するためにも、貨幣やクーポンの使用に関する判断は自動化し、背景に隠れる必要がある。具体的な貨幣の選択と使用が、例えばスマホやスマートウォッチのアプリの陰に隠れるのだ。それが実際に始まるまで、あと数年といったところだろうか。

貨幣の選択と使用が背景に隠れるなら、多くの人々は経済格差の進行により貨幣をさほどもたないだろうから、そんな状況でも財を得たりサービスを享受したりするために、同じ仕組みの中にシェアリングエコノミーが入ってくるだろう。いらないものを提供したり、手伝いをしたりすることによって、ほしいものやサービスを得るという融通が行われていくのだ。すると、見た感じ、物々交換でさまざまな物事が進行できるようになり、そこから貨幣経済は衰退の一途をたどることになる。このことは、ひとたび具体的な貨幣の選択と使用を背景に隠すプラットフォームが用意されたとすれば、その活用方法の一種なのだから、プラットフォームの公開を起点として、早ければ数か月で起きてくるはずだ。

あとは、こうした変化を人々がどのように受け入れていくかということになってくるのだが、社会がこうした変化を受容するにしたがって、労働やその報酬の意味などを含む社会通念や規範は、どうしても変わっていかざるを得ない。そうした変化が、今の小学生たちが高校を卒業するまでには立ち起こってくるのだと思えば、教育を変えずに済むとは、とても思えないのではないだろうか。

SF作家ブルース・スターリングによる1998年発表の短編『招き猫』（［参考文献18］に収録）は、ちょうどそのような技術と社会の変化が起き、「ネットワーク贈答経済」が発展した近未来の日本の社会を描いたものである。実は、「貨幣経済は衰退しました」に出てくるシミズ・ツヨシという名前は、この作品の主人公からとったものだ。

貨幣と会計の変化

貨幣は存在しなくなる。某所で私がそう主張したら、ある著名な経済学者との私的な会話の中でたしなめられた。消費の場面に貨幣が出てこなくなることはあっても、生産と流通の局面では計量のために必要だろう、といった意味の指摘を受けたのだ。

だが、指摘された内容をよく見てほしい。「消費の場面に貨幣が出てこなくなる」可能性を、経済学者も認めているのだ。一方、生産と流通の局面での計量というのは、会計的な意味になってくると思うが、資源の活用において、会計、すなわち、アカウンティングが必要という意味なのであれば、本質的に「貨幣経済は衰退しました」の主張と変わらない。

これからの世界で、アカウンティングがどう変化していくかについて、私は［参考文献22］にて論考した。その内容はこの本を通してちりばめられている。

第2章でも紹介した、思想家であり、デザイナー、建築家などでもあったバックミンスター・フラーは、その著書『宇宙船地球号操縦マニュアル』の中で、「コンピュータ……の能力を借りて進められる、世界社会全体による人類の経済勘定システムの再組織化と、その共有する富がもつ全可能性の成就こそ、この『宇宙船地球号』を人間がうまく操縦するために、なにをおいても真っ先にやらねばならない……」と述べている。1963年のことである。私たちは、遅きに失していないことを祈りながら、フラーの言う「経済勘定システムの再組織化」を進めなければならないだろう。

テクノロジーの進化と、金融貨幣経済社会の限界点への到達とにより、次の10年、20年が、私たちの文明社会がこの数百年間体験したことのない規模の激動の時代になることは避けられないと私は考えている。その中で、人間社会を長らく支えてきたアカウンティングは、どのように変化していくのだろうか。

人工知能や分散レッジャーの発展により、企業やその他の組織の経営が自動化され、「社会の課題を解く」ための共通のパターンに沿って、政府組織、営利組織、非政府組織（NGO）・非営利組織（NPO）の間の境界が曖昧になっていく未来、人間の経済的・社会的な営みは、「社会の課題のソリューションであり、人間がそのエージェントとして働くような仕組み」として一般化できるようになる。

旧来のアカウンティングが、企業の事業活動を定量的にモデル化した情報を提供、あるいは分析するためのプロセスだったとするならば、これからのそれは、地球規模OS上のアプリケーションの動作状況を定量的にモデル化し、その情報提供と分析とにより社会にフィードバックをかけるプロセスであると言えるだろう。

しかし、そうした活動の様子は、どのように定量化できるのだろうか。

問題を、私たちの社会の「富」の量や質がどのように推移しているのかを定量的に把握することだと置き換えて考えれば、すでにフラーによる富の定義によって道は示されている。すなわち、「物質・エネルギー」および「知識」を定量化し、その推移を追跡・分析するのである。それが未来の新しいアカウンティングの姿だろう。

そうしたアカウンティングは、もはや人の手によって直接にはなされないと考えられるが、それでも人間の生活の基盤として、十分な「余白」を確保するための論拠としても用いられるはずだ。それが人間のために生まれ、人間のために働き続ける仕組みであることに間違いはないと私は考えている。

「貨幣」と「専門分化」と「国家」が三つ巴で衰退する

もう一度、貨幣のテトラッドを見てみよう（図5・1）。

貨幣は交換を促進するものなので、専門分化している社会でなければその存在意義がない。専門分化は個人の万能性を損なうことなので、安全保障のために国家を必要とする。国家は税金を必要とし、そのために貨幣が発明されたとさえ言える。このように、「貨幣」と「専門分化」と「国家」は三つ巴で発展してきたと言える。

そして、その3つを衰退させていくことが、大まかに考えて、インターネット技術を通して私たちがやってきたことだと言える。少なくともインターネットのガバナンスにおいては、国家は個人と並ぶ1つのプレーヤーにすぎなくなったし、その状況をできるだけ維持できるように、インターネットのガバナンスは工夫が続けられている。また、インターネットを利用した知識の共有と、3Dプリンティングのようなパーソナルな製造技術の発展により、専門

強化	反転
• 交換・消費、貯蓄・投資 • 専門分化、農耕・産業社会	• 格差・未来からの搾取・破産 • デジタル通貨 とその先
回復	**衰退**
• 支配と服従、ヒエラルキー • 利益の最大化	• 信用システム、贈与経済 • 専門未分化、狩猟採集社会

図5.1　貨幣のテトラッド（図2.4を再掲）

未分化と個人の万能性が強化され出している。そして貨幣は、私たちがまさに今、突き崩している最中にある。そうした流れの中で、「貨幣」「専門分化」「国家」の陰で衰退させられていたものたちが回復する。贈与経済、個人の万能性、そしてベストセラー『サピエンス全史』にて、「個人が最も知識とスキルに富んでいた時代」だと称された、狩猟採集社会である。

狩猟採集社会は、支配者と被支配者に分かれることなく、人々が対等に生きる社会であるが、いったん、不平等性を実現してしまった私たちの社会から、徐々に対等性に向けて変化していくとすれば、未来は初期においては平等ではないかもしれない。しかし、社会のマジョリティからさまざまな面において外れている人たちも、引け目に感じたり、恥じたりすることなく、対等に生きることは可能だ。

そのためには、貨幣が他の2つの要素とともに三つ巴に発展したように、新しい流れも三つ巴で発展しなければならないだろう。バランスを崩したところでは、不幸が生じる。例えば、個人の万能性は、本来はコミュニティの中で助け合い（贈与）があって初めて成り立つ。何かができないことの理由を個人の能力に還元してはならない。

限界費用ゼロかつ専門未分化社会の衝撃

●ベーシックインカムという反動

再生可能（したがって、限界費用がゼロ）なエネルギーの利用や、人工知能やロボットの発達により、多くの人々が働かなくてよくなる未来、あるいは、格差が今よりも進行し、ほとんどの人口がもたざる者であるような未来において、いずれにせよ、お金をもたなければ私たちは消費者ではいられなくなるので、政府が国民に一律にお金を支給したらどうかという提案が行われている。この考え方を「ベーシックインカム（基礎所得）」と呼ぶ。しかし私は、ベーシックインカムは反動だと考えている。つまり、貨幣経済の側からの、贈与経済の側に向けられたカウンターパンチなのだ。

ベーシックインカムの考え方は、貨幣経済の中では受け入れられやすい。富裕層も歓迎するはずだ。それは、富裕層にとって、自らの懐に富が流れ込み続けることを確かにするべく、一般の消費者に、消費する力を維持してもらうということにほかならないからである。

私たちは、現代社会の中で、幸福になるためには消費することだと教えられてきた。しかしそれでは、第2章でも見たとおり、奴隷であることから解放されない。

また、ベーシックインカムにより巷にお金が出まわると、中央銀行による過剰な貨幣の発行が富裕層により吸収されていたのとは異なり、直接、人々の購買力に作用するので、結果として物価が上昇し、格差や不公平感が払拭されないおそれがある。

●すべてのことに課金される世界は望ましいか

経済を変える新しいアイデアだと喧伝されているが、その実、従来の経済に社会を揺り戻す反動だと考えられるものはほかにもある。例えば、日本円で1円未満のような少額な支払いの仕組みを示す「マイクロペイメント」もまた、その1つだと私は考えている。

マイクロペイメントには、支払われる額よりも、はるかに小さなコストしかかからない（でなければ実現できない）ので、あらゆる場面に支払いを設定できる。そして、ネットでの動画の視聴1回1回など、さまざまな細々とした消費活動に対する課金が可能になると期待されている。

しかし、いったい誰が「すべてのことに課金される世界」を望むのだろうか。私たちが望むのは、むしろ、すべてがフリーであることではないだろうか。

それではサービスを提供する人がいなくなってしまう、と読者のみなさんは思うかもしれない。しかし、そのように「お金がなければ何もできない」という発想に人々を連れ戻すからこそ、マイクロペイメントはベーシックインカムと同様に、貨幣経済の側からのカウンターパンチなのだ。

マイクロペイメントが決して望ましい流れではない、という主張をするために、音楽を例にとって考えてみよう。マイクロペイメントが可能なら、今のようにアルバムや曲を買ったり、1か月いくらで聴き放題、といった仕組みの代わりに、1回聴くごとにいくら、という価格設定ができるようになる。するとリスナーに、音楽を聴くことに対するコストの意識が生じてしまう。そのような状況の中で、例えば高校生は、小遣いの範囲の中に十分収まるとしても、何度も何度も気に入った曲を聴いてくれるだろうか。

おそらく、現在活躍している音楽家たちは、中学や高校に通っている頃、気に入った曲を、何度も何度も、それこそレコードやCDが擦り切れるまで聴いた経験があるだろう。少なくともCDが擦り切れることは実際にはないにせよだ。そんなふうに、とことん音楽を聴きまくった経験をもつ人たちの中から将来の音楽家たちが育っていくのだとしたら、楽曲を1回聴くのにもリスナーにコスト意識を芽生えさせてしまうようなマイクロペイメントは、音楽文化にとって決して望ましいものとは言えないのではないか。

逆に、音楽を聴く気がある人たちが、その気持ちの大小にかかわらず、アルバムや曲、あるいは1か月といった期間の単位でコストを平等に支払い、実際にたくさん聴いた人たちのほうが結果的により多くベネフィットを享受できるという、現在の仕組みのほうが、音楽という文化のためには理にかなっていると言えないだろうか。それは、音楽に興味をもつ人たちから、実際に音楽にとことん取り組む人たちへの、暗黙的な贈与の仕組みが組み込まれているということだ。

ベーシックインカムやマイクロペイメントは、受益者がコストを負担することを平等に強いるので、贈与の考え方を失わせる。贈与の考え方がない世界で、人間の社会が実際的にまわるとは、私には思えない。

一方で、社会における資源の流れをモニタリングし、限りある資源をより効果的に利用するべくフィードバックをかけていくためには、人間の行動を逐一記録するような、細かなアカウンティングは必要だろう。マイクロペイメントを考える過程で、あらゆる事象のアカウンティングという重要な部分が検討され、実装されていくかもしれないという側面はあると思う。

●ICO／クラウドセールをどう捉えるか

「お金がなければ何もできない」と考えるならば、何かことを起こす前には、そのための資金を調達しなければならなくなる。２０１７年現在、私たちの知る世界は、もちろんまだ貨幣経済の真っただ中にあるため、デジタル通貨も、まずはそのような発想のもとに応用されることになる。

そこで今のところ注目を浴びているのが、ＩＣＯ（Initial Coin Offering）やクラウドセールと呼ばれる、企業やプロジェクトが発行するデジタル通貨のトークンを市場に売りに出すという手法である。同様の発想にもとづくものとしては、個人が自分の株式を公開するようなものだと考えられ、話題となっている日本発の「ＶＡＬＵ」というサービスがある。

これらは、言うまでもなく株式公開の考え方の応用と見られる。すなわち、約４００年前から社会に実装されているアイデアにもとづいていて、それを始めたり参加したりするための敷居が、デジタルテクノロジーによってかなり低くなったということを示していると言えるだろう。

当然、従来のようにコストがかかることを前提に作られている法規制では、これらの新しい試みに即、対応することはできず、現状では詐欺まがい、あるいは詐欺そのものも、言わば野放しになっている状態と言える。

新しい事象に対して、現行法の解釈によって柔軟に対応できる仕組みになっている、例えば米国の場合は、その悪影響は早期に解消できるかもしれない。現に、米証券取引等監視委員会（SEC）は、例えばザ・ダオのトークンが米国有価証券取引所法の規制対象になると考えている。そういう動きがどうしても後手にまわってしまう日本の場合は、特に消費者・ユーザーの側に注意が必要と言えるだろう。

●資金を調達するという考え方の終焉

しかし、そもそもの発想の転換の可能性はないのだろうか。つまり、デジタル通貨を用いて「お金がなければ何もできない」ことそれ自体から脱却することは可能だろうか、という問いである。

私は、拙著『不思議の国のNEO――未来を変えたお金の話』［参考文献19］の中で、それを可能にすると考えているアイデアを紹介した。そこでは、地方の政府が資金ゼロの状態から川に橋を架けるなどの公共事業を実施する例を示したが、ここでは同じような考え方で、ある地域の地雷原から地雷を完全に除去する例を見てみよう（図5・2）。

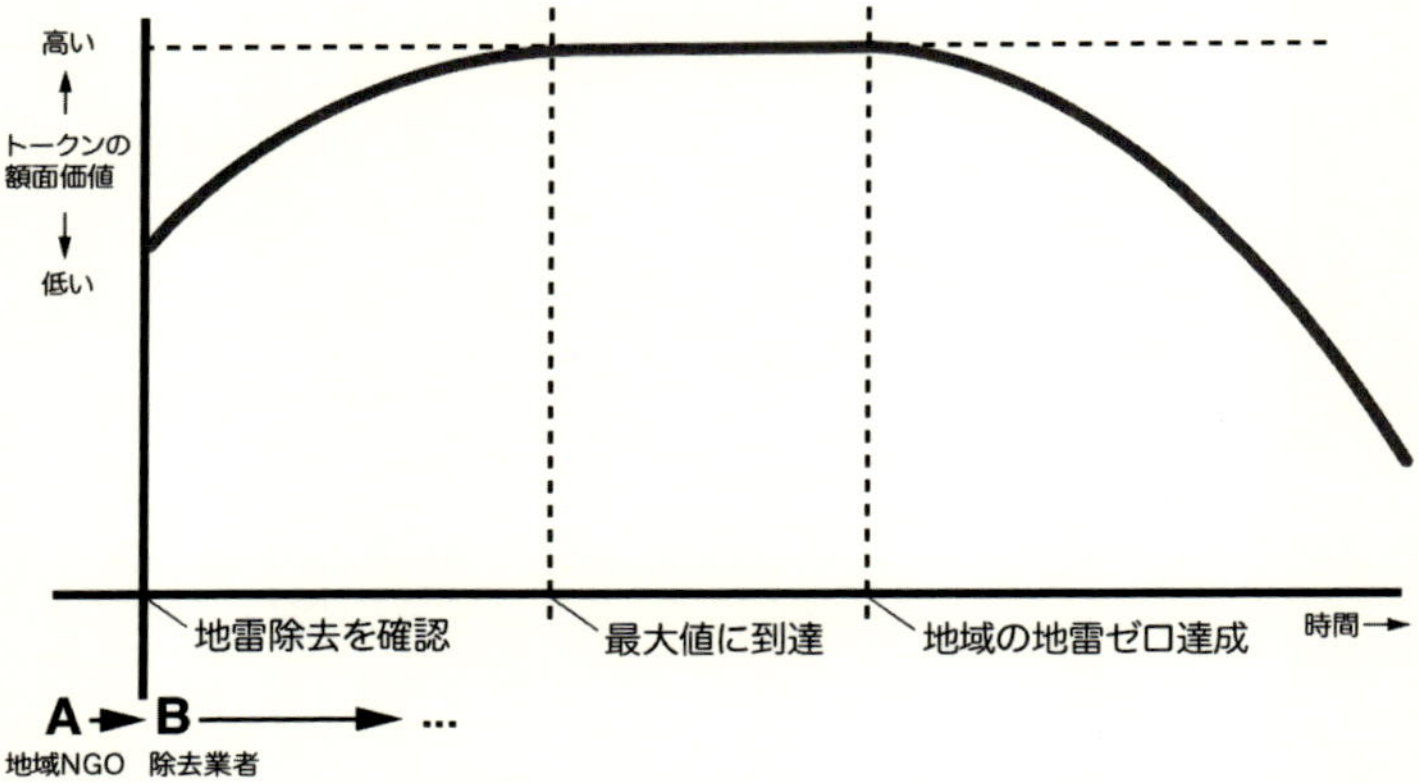

図5.2　地雷除去のための増減価する通貨（［参考文献19］を参考に筆者作成）

この例では、地雷原となってしまった地域のＮＧＯが、時間や、不可逆な外部イベントによって増減価する通貨トークンを、何の後ろ盾もなく独自に発行することにより、その通貨自体が地雷除去のコストを賄ったり、また地雷原の完全除去後の復興を促進させていったりすることを狙う。

アイデアはこうだ。ある区画の地雷が除去されると、そのことは第三者による観察・確認が可能なので、除去の証拠にもとづいて、地域のＮＧＯがトークンを発行する。このトークンの額面上の価値は、その区画の地雷除去のコストを表しているので、それを用いてＮＧＯは地雷を除去した事業者に対して報酬を支払うことができる。意味としては、トークンを地域ＮＧＯに持ち込むと、額面分の小切手等と交換してくれるので、地域の人々は安心してこのトークンを支払いのために受け取ることができる。

しかし、原資はどうするのだろうか。ここでのトークンは、地域ＮＧＯの負債を表す。その負債は、地雷除去のベネフィットを受ける地域全体の負債だとも言い換えることができるので、本来は地域全体で賄うことが望ましい。従来なら、まず地域から寄付を集めておいて、という話になるのだが、それでは「お金がなければ何もできない」という現状を突破できない。

そこで、最初に地域から寄付を集める代わりに、このアイデアでは、発行したトークンの額面上の価値が、例えば年率10%のように時間を経るにつれて減っていき、最終的にゼロになるようにする。そしてその間、トークンは地域NGOに交換のために持ち込まないと暗黙に了解しておく。そうすれば、地域NGOの負債は最終的にゼロになるし、トークンを受け取る人は、受け取ったときの額面価値と、それを使うときの額面価値（少し減っている）の差額分だけ、地域NGOの負債を減らすことに貢献した、すなわち、地域NGOに寄付をしたのと同等のことになる。

しかし、受け取ってから価値が減ってしまうようなものを、誰が受け取るのだろうか。当然、誰もが疑問に思うだろう。ところが、この場合は、地域の地雷原を一掃するという目的があるので、受け取ることには社会参加の意義がある。加えて、受け取ってからすぐに使ってしまえば、ほとんど、あるいはまったく損をせずにこの仕組みに参加することができる。そして、多くの人々がそう判断するとすれば、このトークンは、支払いの方法としては目まぐるしい速度で流通し、その地域の景気高揚に貢献することになる。

実は、こうしたアイデアは過去に試されたことがある。１９３０年代の大恐慌の時代、北米やヨーロッパに、地方の政府が公共事業での労働の対価として発行する「スタンプ紙幣」というものが登場した。これは、例えば米国の場合だと、１ドルの額面の紙幣の裏側に52か所、2セントの有料のスタンプを貼る枠があり、地方政府からスタンプを買って、毎週水曜日に貼っていかないとその紙幣は無効になる、といったものである。

スタンプが全部埋まると、地方政府に持っていけば連邦の1米ドル紙幣と換えてくれるものの、それまでは、使うのにコストがかかってしまう。そうしたものでも受け取らないと不況でどうにもならないとすれば、次の水曜が来るまでに使わなくては、ということになり、この紙幣は目まぐるしく流通することになるのに加え、52週間経つと、地方政府には1ドル分のスタンプ紙幣1枚につき1ドル4セント集まっているので、この紙幣自体に象徴される負債と、仕組みをまわすための運営のコスト（紙幣やスタンプの印刷代等）とを賄えることになる。

地雷除去の減価するトークンは、このスタンプ紙幣のようなものをデジタルで実現するものだが、デジタルだともっと複雑なこともできる。例えば、地雷除去にこのアイデアを適用する場合、本当は地雷が除去された土地が何かに使われ再生し、地域が復興していくところまでをサポートできるのが理想だろう。ところが、トークンが最初から減価すると、地雷原はまだ残っているので、トークンは他の場所で経済効果を生んでいくことになる。それでは、いささかもったいない。

そこで、こんなふうにしてみたらどうだろうか。トークンの額面上の価値は、当初は定められた上限値に向かって自動的に上昇していく。そして、地域の地雷ゼロが達成されたことが確認されると、今度は価値ゼロに向かって下降していく。

すると、除去業者は、早期に地雷を除去すれば額面上の価値を最大化できるので、こぞって除去に取り組むと期待できる。そして、地雷ゼロを達成しなければ減価は起きず、そのほうが除去業者にとって好ましいかもしれないが、複数の事業者がいるとすれば、(談合などしなければ)他の誰かが最後の地雷を除去するよりも、自分が除去することを選ぶだろう。かくして地域の地雷ゼロが達成され、トークンの減価が始まると、そのときには、きれいに地雷が除去された土地が目の前に広がっているわけで、その場所で経済効果が発揮される余地が出てくる。

●NEOとICOとではここが違う

拙著『不思議の国のNEO』では、こうしたデジタル通貨の仕組みを「NEO(New Economic Order)」、すなわち新経済秩序【注02】と名づけた。

さて、NEOもICOも、何かをなし遂げたい主体が、デジタル通貨のトークンを発行するという点では同じだ。どこか違うところはあるのだろうか。

私は、NEOとICOとは、次の点で異なっていると考えている。

ICOで発行されるトークンは、基本的には何の負債にもよらず、市場が値段をつけていくだけだ。すると、評価額が不当に膨れ上がってしまうかもしれないし、「トークンを所持している人は、このようなサービスを受けられる」といった、約束の形式さえもとっていないとすれば、そもそも何が適正であるのかすらもわからない場合が想定できる。

一方、NEOのトークンは、地雷除去の例では基本的には地域NGOの負債を表している。地雷を除去したという行為に対して、地域が支払うべきコストを代表しているわけである。このコストは、NEOにおいては、トークンが減価していき、最終的にはその価値がゼロになることにより、トークンの利用者たちによって賄われていく。地域が実際にコストを支払うのである。また、負債であるのだから、それが大きくなりすぎないように、トークンの発行量は内外の監視のもとに置かれる。トークンが代表するのは、特定のコストであって、利潤のシェアではないので、評価額が膨れ上がってしまうということもない。

また、ICOの場合は、トークンの値上がりの期待があって人々がこぞって参加する。要するにバブルを利用しているわけだが、持たれたトークンは値上がりの期待があるとすればなかなか手放されず、支払い手段としては機能しづらいので、コミュニティ全体の景気高揚といった効果は望めない。

一方、NEOの場合は、最終的には減価するので、トークンを所持するよりもさっさと使うほうが損にならないことになる。実際の支払い手段として使われることが期待できるし、溜め込まれず、景気の高揚に役立つと考えられる。

減価する貨幣という、一見役に立たなそうなアイデアなのに、実績もあり、効果が期待できるというのはおもしろくないだろうか。もちろん、NEOでのトークンの発行主体は、言わば自らの負債を周囲に被ってもらうのだから、誰でもよいというわけにはいかないだろう。

端的に言うと、パブリックな存在である必要がある。

パブリックというのは、たとえば自治体、NPO／NGO、音楽家などの芸術家、研究者といったように、産業的な意味では生産性をもたないが、社会での役割を担っている人や組織、あるいは、被災者や病人のように、一時的に生産性を奪われたような状況に置かれた人々である。

NEOは、トークンが受け取られることで運動や活動が支持され、あるいは弱者の生活が応援され、必要な資源がまわり、必要なことが実現されていくことを狙いつつ、地域通貨の知見を得ながら、仲間らとともに考えたものだ。冒頭のショートSFでエチカが語った「何かを実現したいという思いに共感する人の割合が増えると、実際にそのことが実現される仕組み」というのは、NEOの応用を想定してのことなのである。

潤沢な未来と新しい狩猟採集社会

作家ダニエル・クインによる小説シリーズ「イシュマエル」3部作には、テレパシーで人語を話すゴリラのイシュマエルが出てくる。

イシュマエルは、例えば日本にいる私たちの住む世界を「食べ物に鍵がかけられている世界」と表現している。日本を含む、農耕・産業社会の延長にある文化の特徴の1つを「食べ物がすべて所有されていて、鍵がかけられている」[参考文献16]と説明するのだ。

確かに、日本でもそういうことをしている。というか、そういうことをしていない文化とは、特に都会に住んでいる私たちの多くは、日常的に接していないのではないだろうか。

イシュマエルは、「食べ物を鍵をかけて厳重に保管すること」が私たちの経済のいしずえであると説く。でなければ、私たちが通常使う言葉の意味での「労働」は成り立たないからだ。

誰も、本来は、我慢できない生活を続けていく必要もいわれもない。何千年もの間変わらずに持続してきた部族社会における生活では、社会からの疎外感や社会に対する怒りの中で生活している人はいないようだ、とイシュマエルは言う。もし、そういう人々を育むような文化であれば、それを続ける理由はないため、人々はその文化を支持することを止め、その文化自体がすぐに消滅してしまうからだ。

イシュマエルとの対話を通して、ある人間の少女は、人々に我慢できない生活を続けさせる唯一の方法があることに気づく。それは「食べ物を鍵をかけてしまっておくこと」だ。

なぜ、そのような習慣が始まったのかはわからない。雨や風や土や水がそうであるように、私たちにとっての食べ物である他の生き物たちも、本来は誰のものでもないし、自分たちにとって食べ物と化した生き物に鍵をかけてしまっておく風習をもつのは、地球上の全生物のうち、人類の中の、私たちの文化にしか見られないものだからだ。

しかし、理由はどうあれ、そのことが始まったことは、私たちの多くにとってのある意味での敗北だ。ただし、これまで、最初に敗北があったことにさえ気づいていなかったのだから、ここからが巻き返しの始まりだろう。

アマゾン・ゴーの店舗における買いものを見てほしい。

食べ物がある場所に行って、それをつかんで、ただ持ち帰る。そして家族と分かち合う。それはむしろ、狩猟採集社会の生活ではないだろうか。

今、すべての潮流はなつかしい未来へ

「しかし、」と読者のあなたは言うかもしれない。

「アマゾン・ゴーでも、お金は払っているではないか」

確かにそのとおりだ。それでは、お金を使わずに、例えば1年ほど暮らすことは可能だろうか。

そんな素朴で、かつ本質的な疑問に、実際にまじめに取り組んだ人々がいる。ドイツでの例【注03】や、イギリスでの例【注04】があるのだが、読者のみなさんを含め、多くの人々は、自分にはそんなことはとてもできないと考えているのではないだろうか。

ところが、よくよく考えてみれば、お金を使わない生活などということを、もちろん私はやったことがあるし、これを読んでいるあなたも必ず経験しているはずだ。

そんなはずはないと思うだろうか。

いやいや、まさか、自分がお金を使わずに生きていた時代を忘れてしまったとでも……。自分が赤ん坊だった時代をイメージしてほしい。私たち人間は、おそらくは1人の例外もなく、生まれてからしばらくお金とは無縁だった。贈与されることにより、私たちすべての人間の人生は、始まったのだ。

●信用の氷山モデル

信用の氷山モデル（図5・3）は、地域通貨研究の第一人者である森野榮一氏から教えていただいたモデルである。

このモデルでは、最深部に無条件の信用、すなわち贈与の世界がある。その上には条件つきの信用、すなわち貸し借りの世界が広がるが、信用は依然として人にある。ところが、「信用＝貨幣」の水面を超えると、信用は人ではなく、貨幣にあることになる。

このモデルでは、貨幣経済が占める領域をまさに「氷山の一角」として小さく描いているのだが、この比率は合っているのだろうか。

実は、私たちの日頃の生活をふり返ることでその正しさは検証できる。私たちの意識が「信用＝貨幣」の水面より上にいる時間は、ごく短いのだ。

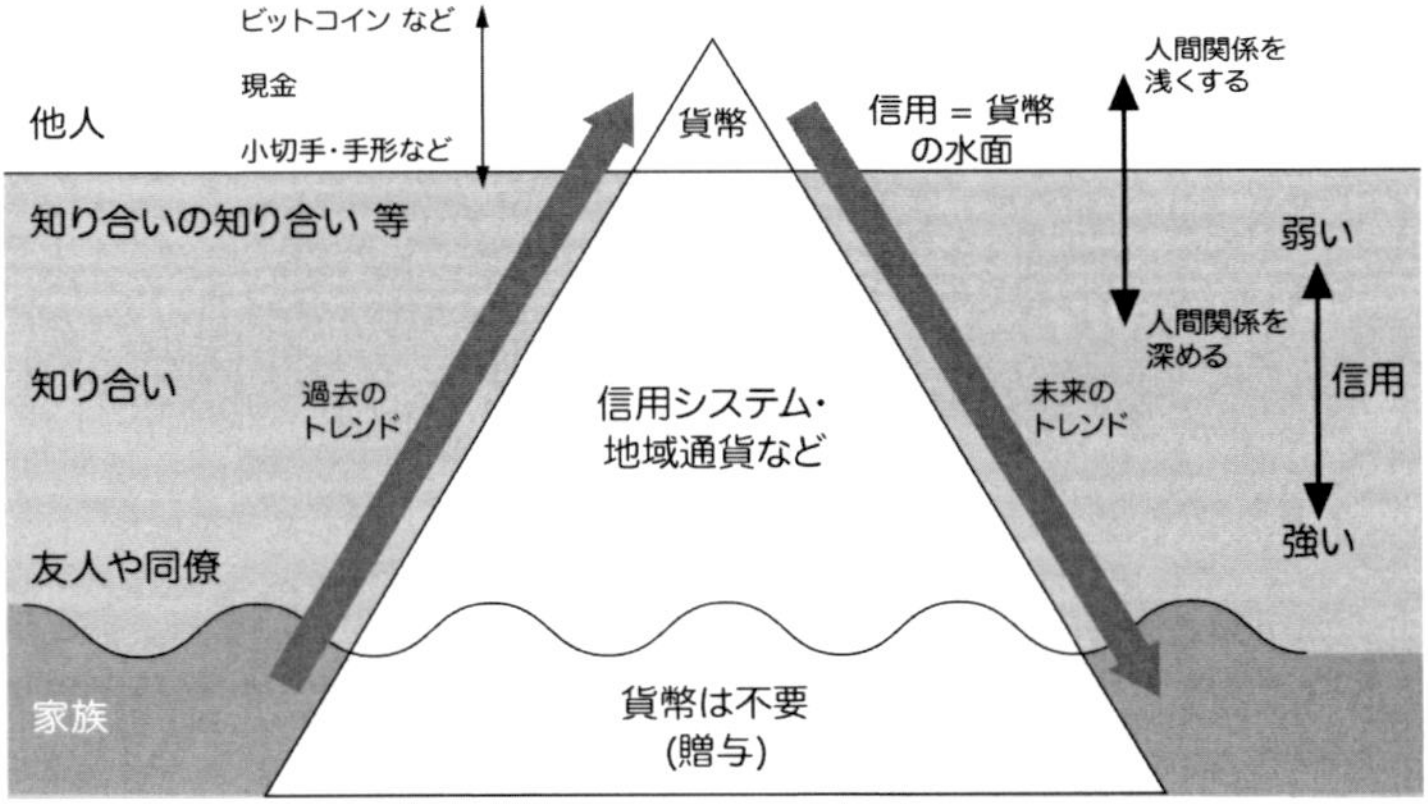

・物事は信用の氷山の水面下でなし遂げられる。

図5.3　信用の氷山モデル（森野榮一氏の図を参考に筆者作成）

つまり、私たちの多くは始終買い物をしているわけではなく、起きているほとんどの時間を、人や、人が作ったものとの交流にあてている。大人であれば、多くの人々はその時間を仕事に費やしているが、仕事の仲間同士の間では貨幣のやり取りは行わないのが普通だ。

仲間でない相手とのやり取りでこそ貨幣は活躍する。それは、貨幣が仲間を超えた大きなコミュニティの中での連帯の証であるからだが、国家を超えた連帯の中で機能するビットコインのようなグローバルなデジタル通貨は、その意味で貨幣のもっとも先鋭的なかたちを見せていると言えるだろう。ただし当然、それが貨幣が生んできたさまざまな問題の解決にはならないということは、私はさまざまな場所で指摘してきた。

今回、この論考を進めるうちに、この氷山モデルについて、信用の深さを表す垂直方向以外に、水平方向から読み取れるものがあるのではないかと思い始めた。思うに、水平方向は時間を表し、信用の過去・現在・未来を表現しているという解釈もできるのではないだろうか。

人類史の中で、私たちの信用のかたちの大まかな変化は、左の傾斜を上ってきて、現代においてほぼ頂点にあり、これからはむしろ右の傾斜を下っていくのではないだろうか。

それはすなわち、これからは、氷山の傾斜を上ってきたときとは真逆の変化が起きてくるということを示唆する。

貨幣の登場は「売り」と「買い」を分離したが、近い将来、その融合（バーターの拡大）が始まり、生産者と消費者の区別は消滅する。だとすれば、経済の歴史は、これから激動の時代を迎えることになる。

もしそうだとしたら、私たちはいかにして安全に信用の氷山の傾斜を滑り落ちていけるのか。水面より上の世界が感覚上は大きかった時代を経て、改めて信用の海に飛び込むようなことに、どのような希望が描けるのだろうか。

●『星の銀貨』を生きる

『星の銀貨』というグリム童話の話をご存知だろうか。

身寄りもなく貧しい女の子が、自分もほとんど何ももってないのに、パンも、服も、何もかも、出会った大人や子どもたちにみんなあげてしまい、最後には裸で夜の森の中に立っていると、空から星が落ちてくるように、たくさんの銀貨が降ってきた、という短い物語である。

お金を使わずに生活する社会実験のうち、ドイツの例は「星の銀貨実験」と呼ばれていた。それは、空から降る銀貨が、贈与の象徴だからだろう。『星の銀貨』の物語が教えているのは、そもそも自らが与える人でなければ、おそらくは空から銀貨は降ってこない、ということである。どうしたら与える人になれるのだろうか。いや、人は「与える人になる」のではないのかもしれない。

私には、２人の息子を育ててきてわかったことがある。２人とも、一見、強欲なようでいて、自分が満たされているなら「はい、どうぞ」と兄弟で何もかも分かち合っている。見ていると、与えるという行為が染みついているように見える。

そして、今なら、それがどうしてなのかも説明できる。それは、彼らが与えられてきたからだ。

人間である限り、まわりの人間を真似しようとする。人はそうやって育っていく。そして、まわりの人間は、自分に与えている。人間は、生まれたときには完全に無力なので、必ずそこから始まる。

人は、与えることしか知らない状態から始まるのである。

この章のまとめ

この章では、これからの社会がどこに向かっていくのか、新しい技術を背景に考えてみた。

・冒頭のショートSFには、実は現在までに検討されていない技術は出てこない。
――現代の社会が変わらないことを前提に、そこに新しい技術だけを挿入して物語を描くと、ちぐはぐな社会になってしまう。

――本来、技術は社会を変える。そのことを素直に描いたのが冒頭のショートSFである。
・今後、「貨幣」と「専門分化」と「国家」は三つ巴で衰退していくと考えられる。
・その先に、新しいかたちでの贈与経済・狩猟採集社会が待っているはずだ。

【注01】三菱東京UFJ銀行による「MUFGコイン」や、みずほ銀行らによる「Jコイン」など。

【注02】経済学者シルビオ・ゲゼルによる著書『自然的経済秩序』のもじりである。

【注03】ハイデマリー・シュヴェルマー氏は、1996年にお金を使わない生活をすることを決心し、手伝いの代わりに食料を得るなどのことを通して暮らした。その後は、21世紀に入っても、ほとんどお金を使わずに暮らし、その間、野宿は一度もしていないという。

【注04】マーク・ボイル氏は、2008年11月から2年以上、お金を使わない生活を続けた。農場でのボランティアや自家栽培で食料を得て、薪を燃やして調理し、太陽光パネルで電気を得た。ウェブ上のさまざまなサービスを駆使して物々交換をしたり、旅行にも出かけたりしたという。

エピローグ――フレンズ

本書では、貨幣経済が衰退し、信用が新しいかたちで前面に出てくる社会の到来を、技術と社会との両面から考えてみた。読者のみなさんにとって、少しはそうした変化が実際に起きるかもしれないという現実感が増しただろうか。

ブロックチェーンといったもの、あるいはそれに代わる新しい技術は、これからの社会の信用の基盤として、約束を破らない、あるいは破れないということの保証を担っていくかもしれない。そこでは、人工知能も大きな役割を果たすだろう（人工知能が社会にとってビザンチン障害を引き起こす可能性は無視できないにせよ）。

というか、決まりごとを守るということに関しては、自動化に任せてよいのかもしれない。むしろ、現行の決まりごとのよくない点を発見し、課題を明らかにして、そこに取り組んでいくこと、つまり、よい意味で「決まりごとを守らない」ということにこそ、人間としての価値はあるのかもしれない。冒頭のショートSFでミカン箱の上に乗って演説していた少年のようにである。現在の子どもたち・若者たちには、ぜひそんなふうに育ってほしいと願っている。どうか、現状の世界に対して従順にならないでほしい。決められているように見えることに対して抗い、世界を変えていってほしいと切に願う。

おわりの挨拶として、たび重なる原稿の遅延にも辛抱強く待ってくださり、この本が世に出たことへの最大の貢献者であるインプレスR&Dの錦戸さま・菊地さま、そして誰よりも、ここまで読み進めてくださった読者のみなさまに、ここに深く御礼を申し上げ、最後に、冒頭のショートSFの後日談をもって、この本のあとがきに代えたい。

忙しいのは俺だけじゃない

「忙しくなるぞ」

俺は洗面所で鏡の中の自分に向かってそう言った。

あの出来事が起きてから1週間、俺は会社を休んで考え抜いた。そして1週間経った昨日、会社に辞表を出した。

その間、考えただけではなく、いろんなことを調べた。「ビザンチン」は、俺が生まれる前からあるコンピューター科学の言葉だということも知った。エチカが落胆するわけだ。だが、ここ数日の俺の飲み込みの早さは自慢できると思う。何しろ、何を知ればよいのかわかっているのだから、これ以上の強みはない。

これから先の歴史が、本当にエチカが見せてくれたように進んでいくのか、俺にはわからない。エチカ自身ですら、そのようなことをほのめかしていたくらいだ。それだけに、彼女の切実な願いというのは、わかる気もする。

しかし、俺にとって同じように切実なのは、これからやってくる激動の潮流に、どうやったら呑み込まれることなく、むしろ変化の波に乗っていけるかだ。

そしてこの2つの「切実な願い」は共存できる。

それどころか、おそらく無数の共存できる「切実な願い」があるはずだ。声がかかったのは、俺だけじゃない。俺にはその確信があった。俺ははっきり覚えている。「ビジョンを共有する人々が必要」だとエチカは言っていた。「人々」だ。俺だけじゃない。ほかにもこの時代を同じ使命を帯びて生きている人々がいる。いや、時間軸の多少のずれはあるかもしれないが、おそらく俺が何の役にも立たなかった場合に備えて、ほかにも大勢の人々に声がかかっているはずだ。

どうせ1人では意味のあるようなことは何もできまい。たぶん、俺が最初にやるべきなのは、俺と経験を共有し、同じゴールに向かっていっしょに進むことができる、仲間を探すことだ。

俺は靴を履き、ドアを開けた。

出かけよう、まだ見ぬ「フレンズ」を探しに。

参考文献

[1] Vitalik Buterin. A Next-Generation Smart Contract and Decentralized Application Platform, 2014.https://github.com/ethereum/wiki/wiki/White-Paper

[2] Miguel Castro and Barbara Liskov. Practical Byzantine Fault Tolerance and Proactive Recovery. ACM Transactions on Computer Systems (TOCS), Vol. 20, No. 4, November 2002.

[3] Allen Clement, Edmund Wong, Lorenzo Alvisi, Mike Dahlin, and Mirco Marchetti. Making Byzantine Fault Tolerant Systems Tolerate Byzantine Faults. In Proceedings of the 6th USENIX Symposium on Networked Systems Design and Implementation (NSDI '09). USENIX Association, 2009.

[4] Michael J. Fischer, Nancy A. Lynch, and Michael S. Paterson. Impossibility of distributed consensus with one faulty process. Journal of the ACM (JACM), Vol. 32, No. 2, pp. 374-382, April 1985.

[5] R. Buckminster Fuller. Operating Manual for Spaceship Earth. E.P. Dutton & Co.,

New York, 1963.（芹沢高志 訳『宇宙船地球号操縦マニュアル』ちくま学芸文庫、２０００）
［6］Seth Gilbert and Nancy Lynch. Brewer's Conjecture and the Feasibility of Consistent, Available, Partition-tolerant Web Services. ACM SIGACT News, Vol. 33, No. 2, June 2002.
［7］David Graeber. Debt: The First 5,000 Years. Melville House, 2011.（酒井隆史、高祖岩三郎、佐々木夏子 訳『負債論 貨幣と暴力の５０００年』以文社、２０１６）
［8］Yuval Noah Harari. Sapiens: A Brief History of Humankind. Harper, 2015.（柴田裕之 訳『サピエンス全史（上・下）文明の構造と人類の幸福』河出書房新社、２０１６）
［9］Nicholas Humphrey. The Inner Eye. Faber and Faber, 1986.（垂水雄二 訳『内なる目』紀伊國屋書店、１９９３）
［10］Mitsuru Iwamura, Yukinobu Kitamura, Tsutomu Matsumoto, and Kenji Saito. Can We Stabilize the Price of a Cryptocurrency?: Understanding the Design of Bitcoin and Its Potential to Compete with Central Bank Money. Discussion Paper Series A No. 617, Institute of Economic Research, Hitotsubashi University, November 2014.
［11］Leslie Lamport, Robert Shostak, and Marshall Pease. The Byzantine Generals Problem. ACM Transactions on Programming Languages and Systems (TOPLAS), Vol. 4, No. 3, July

1982.
[12] Lawrence Lessig. Code: And Other Laws of Cyberspace, Version 2.0. Basic Books, 2006.
[13] Marshall McLuhan. The Gutenberg Galaxy. University of Toronto Press, 1962.（森常治 訳『グーテンベルクの銀河系』みすず書房、１９８６）
[14] Marshall McLuhan and Eric McLuhan. Laws of Media: The New Science. University of Toronto Press, 1988.（高山宏 監修・序、中澤豊 訳『メディアの法則』ＮＴＴ出版、２００２）
[15] Satoshi Nakamoto. Bitcoin: A peer-to-peer electronic cash system. Available electronically athttps://bitcoin.org/bitcoin.pdf
[16] Daniel Quinn. My Ishmael. Bantam, 1997.
[17] Jeremy Rifkin. The Zero Marginal Cost Society: The Internet of Things, the Collaborative Commons, and the Eclipse of Capitalism. Palgrave Macmillan, 2014.（柴田裕之 訳『限界費用ゼロ社会』ＮＨＫ出版、２０１５）
[18] Bruce Sterling. A Good Old-Fashioned Future. Spectra, 1999.（小川隆 訳『タクラマ

カン』ハヤカワ文庫SF、２００１）
〔19〕斉藤賢爾『不思議の国のＮＥＯ――未来を変えたお金の話』太郎次郎社エディタス、２００９
〔20〕斉藤賢爾『地球規模OSの実現に向けて ～ポスト石油・石炭ピーク時代における情報ネットワーク～』信学技報、IN2010-132（2011-1）、79～84ページ、２０１１
〔21〕斉藤賢爾『未来を変える通貨 ビットコイン改革論』インプレスＲ＆Ｄ、２０１５
〔22〕斉藤賢爾「衰退する貨幣経済――FinTech は経済の意味を変える」『企業会計』２０１７年６月号［特集］FinTech で変わる会計の世界、40～46ページ、２０１７
〔23〕水野祐『法のデザイン――創造性とイノベーションは法によって加速する』フィルムアート社、２０１７

著者紹介

斉藤 賢爾（さいとう けんじ）

1993年、コーネル大学より工学修士号（計算機科学）を取得。2000年より慶應義塾大学湘南藤沢キャンパスに在籍。2006年、デジタル通貨の研究で博士号（政策・メディア）を取得。同大学院政策・メディア研究科特任講師等を経て、2014年より同大学SFC研究所上席所員。また、2016年より株式会社ブロックチェーンハブCSO（Chief Science Officer）。2017年より一般社団法人ビヨンドブロックチェーン代表理事。専門はインターネットと社会。慶應義塾大学環境情報学部講師（非常勤）。早稲田大学大学院経営管理研究科講師（非常勤）。一般社団法人アカデミーキャンプ代表理事。一般社団法人自律分散社会フォーラム副代表理事。

主な著書に『不思議の国のNEO』（太郎次郎社エディタス、2009年）、『未来を変える通貨：ビットコイン改革論』（インプレスR&D、2015年）がある。

◎本書スタッフ
アートディレクター/装丁：　岡田 章志＋GY
制作協力：　菊地 聡
デジタル編集：　栗原 翔

●落丁・乱丁本はお手数ですが、インプレスカスタマーセンターまでお送りください。送料弊社負担にてお取り替えさせていただきます。但し、古書店で購入されたものについてはお取り替えできません。
■読者の窓口
インプレスカスタマーセンター
〒101-0051
東京都千代田区神田神保町一丁目105番地
TEL 03-6837-5016／FAX 03-6837-5023
info@impress.co.jp
■書店／販売店のご注文窓口
株式会社インプレス受注センター
TEL 048-449-8040／FAX 048-449-8041

信用の新世紀
ブロックチェーン後の未来

2017年12月25日　初版発行Ver.1.0（PDF版）

著　者　斉藤 賢爾
編集人　錦戸 陽子
発行人　井芹 昌信
発　行　株式会社インプレスR&D
〒101-0051
東京都千代田区神田神保町一丁目105番地
http://nextpublishing.jp/
発　売　株式会社インプレス
〒101-0051　東京都千代田区神田神保町一丁目105番地

印刷・製本　京葉流通倉庫株式会社
Printed in Japan

ISBN978-4-8443-9807-3